歐洲政經
整合的三重奏

Political and Economic
Integration in Europe

王啓明・著

序 言

　　「心存感激、推己及人」！生命中不斷出現的貴人與益友，是幫助我成長的最大能量。從政大取得學位，有幸返回母系任教以來，筆者便一直從事歐洲聯盟與國際社會化理論的研究。歐洲政治與經濟的整合歷程，結合理論、制度與政策產出的三部曲，透過三種層次間的鑲嵌，更譜出蘊含多元與深刻的樂章。當然，藉由本書的撰寫，希冀能對於歐洲的研究，分享筆者這幾年在教學與研究上的心得，更希望能對於此一研究領域，貢獻一己之力。

　　本書得以完成，首先要感謝筆者任教的東海大學所提供優美與安定的環境與完善的研究設備。政治系以及所有師長的鼓勵與支持，讓筆者任教的這些年，有非常自由的學術空間。在撰寫本書的過程中，首先要感謝周煦教授細心教誨，使得身為學生的我才得以具備研究的動能。東海政治系師長們的勉勵，更是最大的動力來源，尤其是王業立教授在學術研究上的啟發、歐信宏教授的支持、傅恆德院長與宋興洲主任的提攜以及胡祖慶教授的鼓勵，都給予筆者莫大的鼓舞，亦讓筆者榮獲東海大學 98 學年度「教學特優獎」的殊榮。湯姐、淑滿姐、寶蓮姐與郭大哥適時的解憂，岳父與岳母、紀媽、小妹孟誼、孟瑋在生活上的幫忙，以及一同馳騁球場十餘年

球友們的解悶，還有助理倩琳、舜翔與宛郁的協助，筆者在此表達由衷的感激之意。

　　此外，最應該感謝的，是來自於父母的生育與養育之恩，還有大哥與大嫂的照顧之情，以及湘柔、湘淳、湘媛與盛鈞四位姪女姪子所構築的家人樂趣。當然，我最親愛的老婆——姿鈴更是支持我的最大力量，也是這本書得以完成的幕後功臣。謹以本書獻給我親愛的家人以及逝世的雙親。

王啟明

於台中大度山、梧棲

目　次

第一章　緒論

　　歐洲聯盟（European Union, EU，以下簡稱歐盟）的研究已經成為一種動態性（dynamic）的分析，導因於每每條約的簽署，都帶動歐洲又走向另一個旅程碑。亦即，從巴黎條約、羅馬條約、單一歐洲法（Single Europe Act, SEA）、馬斯垂克條約（Maastricht Treaty）、阿姆斯特丹條約（Amsterdam Treaty）、尼斯條約（Nice Treaty）、里斯本條約（Lisbon Treaty）等條約的簽署，使得歐洲都邁向更進一步的整合（integration）歷程，當然，歐盟相關政策的制訂，包括單一貨幣（euro）、東擴與歐洲憲法的推動，不僅強化歐洲政經結合，也影響著國際社會的發展。

　　綜觀學術界對於歐盟的研究，筆者將其分為兩部分，第一部份是以國外研究而論，包括以下幾種類型：第一類型是以聯邦主義（Federalism）、功能主義（Functionalism）、新功能主義（Neo-Functionalism）、國際建制（International Regime）溝通理論（Communication Theory）、自由派政府間主義（Liberal Inter-governmentalism）、歷史制度論（Historical Institutionalism）以及社會建構主義（Social Constructivism Theory）來分析歐盟的整合過程。[1]第二類

---

[1]　可參考 Kenneth A. Armstrong, "Legal Integration: Theorizing the Legal Dimension of European Integration," *Journal of Common Market Studies*,

型則是決策體系的研究，亦即，將歐盟的政策制訂與其決策機制結合，分析歐洲高峰會（European Council）、歐盟理事會（The Council of Ministers）、執委會（The Commission）與歐洲議會（European Parliament）之間在政策制訂過程中的角色，進而延伸至多層次治理體系（multi-level governance）的研究。[2]

　　第三類型則為從法律架構與實際經驗所形塑的制度化（institutionalization）研究，主要聚焦於條約內容的分析以及相關制度的建構、發展與影響，尤其著重於單一歐洲法、馬斯垂克條約、

Vol.36, No.2, 1998, pp.155-174; Jeffrey T. Checkel, "Social Construction and Integration," *Journal of European Public Policy*, Vol.6, No.4, 1999, pp.545-560; David Mitrany, *A Working Peace*, (Chicago: Quadrangle Books, 1966); P. Pierson, "The Path to European Integration—A Historical Institutionalist Analysis," *Comparative Political Studies*, Vol.29, No.2, 1996, pp.123-163; M. Pollack, "International Relations Theory and European Integration," *Journal of Common Market Studies*, Vol.39, No.2, 2001, pp.221-244; Ben Rosamond, Theories of European Integration, (N.Y.: St.Martin's Press, 2000).

[2]　可參考 S. Bulmer and Wessels W., *The European Council: Decision-Making in European Politics* , (London: Macmillan, 1987); Clifford J. Capotorti and Craig Volden, "Explaining Institutional Change in the European Union," *European Union Politics*, Vol.2, No.1, 2001, pp.5-30; Michelle Cini, *The European Commission: Leadership, Organization and Culture in the EU Administration*, (N.Y.: Manchester University Press,1997); R. Corbett, *The European Parliament's Role in Closer EU Integration*, (London: Palgrave, 1998); Desmond Dinan, *Ever Closer Union: An Introduction to European Integration*, (Hampshire: Macmillan, 1999); Fiona Hayes-Renshaw and Helen Wallace, The Council of Ministers, (N.Y.: St. Martin's, 1997); N. Marks, *Governance in the European Union*, (London: Sage, 1996); Jeremy Richardson, European Union: Power and Policy-Making, (London: Routledge, 2001); Wayne Sandholtz, European Integration and Supranational Governance, (N.Y.: Oxford University Press, 1998).

阿姆斯特丹條約以及尼斯條約等對於歐盟發展產生關鍵性影響的約文分析。第四類型則是透過理論方法的分類來進行歐盟政治的研究，S. Hix 為主要代表人物。Hix 透過國際關係與比較政治為理論主軸，區分成國際關係學領域下的多元主義論者（pluralist）、現實主義論者（realist）、結構主義論者（structuralist）、制度論者（institutional）以及比較政治學領域的多元主義論、理性抉擇論（rational choice）、社會學派（sociological）與新舊制度主義等八種類型。[3]

　　根據上述的研究分類，若以時間作為區分的標準，聯邦主義、溝通理論、功能主義與新功能主義則是 50 至 70 年代歐洲研究的核心理論，包括 Haas、Deutsch、Mitrany 等學者的著作則可驗證，80 年代以後則是以國際建制、政府間主義、歷史制度論以及建構主義來分析歐洲整合歷程。

　　第二部分則以國內研究分析，包括以下幾種類型：第一種類型是以歐盟政策發展為主軸，此部分又可大致區分為經濟政策與外交政策兩個的面向，前者多是以「經濟暨貨幣政策」為研究的主軸，包括學者洪德欽與劉復國等人即有不少的研究成果，而在外交政策方面，學者沈玄池、湯紹成、吳東野、陳勁、甘逸驊等人的研究則是相當全面。第二種類型則是以歐盟法制為研究重心，則是以學者王泰銓、張台麟、蘇宏達、陳麗娟、藍玉春等人的研究為核心。

　　此外，學者盧倩儀則是以歐盟的移民政策為研究議題，廖福特則是從人權的面向研究歐盟政策的發展，學者黃偉峰則是依照研究

---

[3]　S. Hix, "The Study of the European Community: The Challenge to Comparative Politics," *West European Politics*, Vol.17, No.1, 1994, pp.1-30.

單位、知識論之假設、本體論的觀點以及分析層次，將歐盟政治研究區分為十六個研究取向，[4]這也使得國內在歐盟的研究，展現出科技整合的態勢，從經濟、政治議題，透過治理研究的脈絡，轉而研究歐盟治理體系的分析。

準此，不論國內外的學術界在歐盟的研究上，都強化「歐洲研究」的脈絡，筆者也基於對歐洲研究的興趣，希冀能從既有的理論，包括區域整合理論、歷史制度論與國際社會化的分析架構，闡述歐盟相關政策的產出，包括經濟暨貨幣政策、東擴政策、歐盟憲法與里斯本條約等，進行歐盟政策發展歷程的探討，除了能延續在歐洲領域的研究，亦希望能提供學術的對話場域進行交流。

本書主要分為幾個部分，第一章是緒論，第二章是探討研究歐盟的理論，包括區域整合理論（著重在功能主義、新功能主義、自由派政府間主義、關稅同盟理論、最適貨幣區域理論以及財政聯邦主義）、新區域主義、國際社會化理論以及歷史制度論，再透過區域整合理論、國際社會化與歷史制度論的交疊，導引出認同的脈絡。第三章則是制度層次的分析，主要是以歐盟決策機制的演進與權限的變化為主軸，包括歐洲高峰會、歐盟理事會、執委會與歐洲議會所形塑的共同合作與共同決定程序。第四章則是研究歐盟重要政策的產出，主要是以經濟暨貨幣政策為主，第五章則是探討東擴政策、歐洲憲法的影響以及里斯本條約所代表歐盟發展的轉捩點。第六章則是藉由理論與政策的鑲嵌，分析關鍵時刻中歐盟決策所展現的歐洲認同，第七章則為本書的結論。

---

[4] 黃偉峰，〈歐盟政治研究中的理論方法之分類與比較〉，《人文及社會科學集刊》，第十五卷第四期，1993，頁 539-594。

第二章　歐盟的研究途徑分析

——理論的脈絡

對於歐盟的研究途徑，筆者試圖將理論與政策的分析做一結合，將歐盟發展的歷程，透過政策的形成作為主軸，以區域整合理論（Regional Integration）、歷史制度論與國際社會化（International Socialization）作為宏觀的理論分析，藉以分析歐盟政策產出的歐洲認同脈絡，如圖 2-1 所示。

亦即，歐盟政策的產出鑲嵌著歐洲認同。認同是社會學研究的基本概念，意指身份、同質性、一致性以及特性等意涵，當然，亦包括對於某種觀念或規範形塑一致性的標準。所以，在討論個人認同時，「我是誰」？是一個涉及身份與歸屬感的重要問題，而在討論集體認同時，「我們是誰」？「我們該往哪」？則是展現共同歷史、共同觀點與對未來共同計畫的脈絡。亦即，認同常被定義在建立共同體成員共同特性的基礎上，用以區別不同於他者的共有形象，成員間藉此對共同體產生歸屬感的意涵。例如，Durkheim 提出的「集體意識」（collective conscience）以及 Marx 所提出的「階級意識」（class consciousness）等

　　本書則是從區域整合理論、歷史制度論與國際社會化的架構下研究歐盟政策發展,當然這涉及到社會互動與學習的作用,更希冀透過理論、制度與政策的分析,導引出歐洲認同的脈絡。

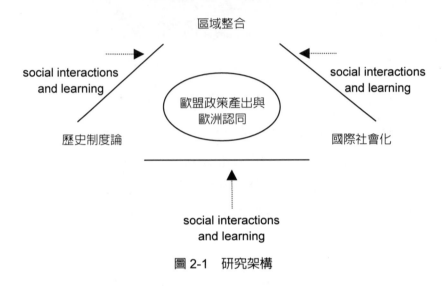

圖 2-1　研究架構

第一節　區域整合理論的分析

壹、概論

　　根據 Bruce M. Russett 的說法,區域主義乃指地理位置具有鄰接性(geographic proximity)、人文傳統相近以及歷史上交往密切的國家所構築的自然地區,亦可指由某一地理界線所劃成的地區,

甚至是指透過政治、軍事結盟所形成的區域概念。[1]亦即，地緣關係並非為區域主義的必要標準，構築區域主義亦可由經濟層面、政治領域甚或軍事安全上的互賴，以及文化層次等非地緣關係作為衡量的標準。以下便從歷史與理論的脈絡來分析區域主義的實質內容。

貳、歷史的脈絡

　　若從歷史的脈絡分析 20 世紀以來的區域主義，根據堤羅（Mario Telo）的見解，大致可將區域主義區分為三個階段：第一階段乃是指從一次世界大戰後至 50 年代，第二階段則在 60 年代到 80 年代，第三階段則是 90 年代後迄今。[2]在第一個階段，區域主義所展現的議題在於戰後秩序的重整、安全體系的建立，以及經濟情勢的復興。國際聯盟（League of Nations）的成立，代表著戰後安全與秩序的重建，而英國所扮演的霸權（hegemony）角色，也提供經濟制度的建立與維繫。

---

[1]　Bruce M. Russett, "International Regimes and International System," in Richard A. Falk and Saul H. Mendlovitz (eds.), *Regional Politics and World Order* (San Francisco: W.H. Freem and Company Press, 1973), pp.181-187；相關概念亦可參考 Edward D. Mansfield and Helen V. Milner, "The Political Economy of Regionalism: An Overview," in Mansfield and Milner (eds.), *The Political Economy of Regionalism* (N.Y.: Columbia University Press, 1997), pp.3-4.

[2]　Mario Telo, "Introduction: Globalization, New Regionalism and the Role of the European Union," *European Union and New Regionalism—Regional actors and global governance in post-hegemonic era*, (N.Y.: Ashgate Publishing Company, 2001), pp.1-5.

　　在第二階段，以美國為中心的霸權穩定理論，更奠定經濟區域主義的延展，其中，歐洲共同體（歐盟的前身）所推動的經濟暨貨幣政策，加速區域整合的契機。此外，包括亞洲、非洲與拉丁美洲等地區，也逐步開展區域整合的態勢。亦即，在此一階段，區域整合的歷程展現出區域主義的實踐。

　　而在後霸權時代（post-hegemonic era）的第三個階段，區域主義已成為新世界體系中不可或缺的組成要素，尤其是區域組織的發展，偏重於整合功能的歷程，成為區域整合的象徵。包括歐盟、北美自由貿易區（NAFTA）、亞太經和會（APEC）、安地斯共同體（Andean Community）以及南錐共同體（MERCOSUR）的成立等，都顯示出區域主義深化與廣化的軌跡。

　　準此，區域整合（Regional Integration）運動的開展，則是代表著區域主義逐步的國際組織化。其實，早在 1828 年，普魯士就已建立關稅同盟，更逐步促使巴伐利亞邦的關稅同盟、中德的消費聯盟、德意志關稅同盟、北德稅務聯盟的建立，最後成為德意志統一的重要關鍵。此波的整合效益在 1848 年擴溢至瑞士，並促成瑞士的市場與政治聯盟的整合，[3]茲將區域整合在各區域成形的歷程，表列於後。

---

[3]　Walter Mattli, *The Logic of Regional Integration --Europe and Beyond* (N.Y.: Cambridge University Press, 1999), p.1.

表 2-1　歐洲區域整合方案歷程

時間	整合的方案	目的
1823-1833	Bavaria-Wurttemberg Customs Union	共同關稅
1828-1831	Middle German Commercial Union	緊密的消費聯繫（無共同關稅）
1834	German Zollverein	做為德國政治統一的經濟基礎
1834-1854	Tax Union (Steuerverin)	具有共同關稅、共同行為與共同關稅組織
1838	German Monetary Union	固定稅率
1847	Moldovian-Wallachian Customs Union	建立羅馬尼亞的基礎
1848	Swiss Confederation	形成瑞典的經濟與政治統一
1857	German Monetary Convention	維繫普魯士各邦固定匯率的穩定
1865	Latin Monetary Union	法國法郎區的聯盟
1875	Scandinavian Monetary Union	克郎區的貨幣聯盟
1944	Benelux (Customs Union between Netherlands and the Belgian-Luxemburg Economic Union)	荷、比、盧三國間的關稅協定
1952	European Coal and Steel Community	建立煤與鋼鐵的聯營共管
1958	European Economic Community	移除關稅與配額限制、共同對外關稅、共同農業政策
1960	European Free Trade Agreement	消除非農產品的所有關稅
1979	European Monetary System	建立成員國家間的穩定的匯率
1993	European Union	共同市場的建立
2002	Euro	使用單一貨幣

　　由表 2-1 可知，早在 19 世紀初，歐洲就已經展開區域整合的
模式，大都以關稅同盟為主，透過關稅、配額限制與匯率議題的功
能性合作，強化成員間在實質政策層面的趨同，藉以形塑共同市場
甚至建立單一貨幣的基礎。

表 2-2　美洲區域整合方案歷程

時間	整合的方案	目的
1948	Gran Colombia	建立大哥倫比亞經濟關稅聯盟計畫
1960	Central American Common Market	關稅同盟與共同工業計畫
1960	Latin American Free Trade Association	自由貿易聯合帶動共同工業計畫
1969	Andean Pact	關稅同盟與共同工業計畫
1973	Caribbean Community	關稅同盟與共同工業計畫
1989	Canada-US Free Trade Agreement	移除所有貿易壁壘
1991	Mercado Comun del Sur（MERCOSUR）	建立貨物、資本與勞力的單一市場
1994	North American Free Trade Agreement	消除區域貿易內關稅與非關稅壁壘

　　在美洲區域整合的發展上，20 世紀中期的「大哥倫比亞經濟
關稅聯盟」是建立區域整合的開端，帶動中美洲共同市場、自由貿
易與共同工業計畫的實施，成為北美自由貿易區建立的基礎，此部
分可參考表 2-2。

表 2-3　非洲、亞洲、太平洋地區與中東地區區域整合方案歷程

時間	整合的方案	目的
1967	Association of South East Asian Nations	自由貿易區與共同工業計畫
1969	Southern African Customs Union	貨物市場的整合
1972	West African Monetary Union and Economic Community	自由貿易區的建立
1973	Union Douniere Economique de l'Afrique Centrale	關稅同盟
1975	Economic Community of West African States	完整的經濟整合
1980	Southern African Development Coordination Conference	減少對南非的依賴並透過合作計畫強化區域發展的平衡
1981	Gulf Cooperation Council	關稅同盟與政治合作
1983	Australia-New Zealand Closer Economic Relation Trade Agreement	消除所有貨物的關稅
1984	Preferential Trade Area for Eastern and Southern Africa	消除所有貨物的關稅
1989	Asia Pacific Economic Cooperation Forum	自由貿易協定

資料來源：Jacob Viner, The Customs Union Issue (N.Y.: Carnegie Endowment for International Peace, 1950); Sidney Pollard, European Economic Integration 1815-1970 (London: Harcourt Brace Jovanovich, 1974); Jeffrey Frankel, Regional Trade Blocs in the World Economic System (Washington: Institute for International Economics, 1997).

　　由表 2-3 分析，1967 年成立的東南亞國協是開啟亞洲自由貿易與共同工業計畫的重要機制，「南非關稅同盟」則是帶動非洲地區貨物市場整合的場域，包括其後開展的「西非貨幣同盟與經濟共同體」、「西非國家經濟共同體」與「東南非國家間的關稅貿易區」等，皆是基於關稅層面的合作所形塑區域整合的態勢。而在中東地區方面，1981 年的「海灣合作委員會」則是啟動關稅同盟的機制，此外，澳洲與紐西蘭也透過貿易協定的簽訂消除所有貨物的關稅，做為區域經濟合作的基礎。

　　從歷史的脈絡分析，國際體系的架構是形塑區域整合發展的外部環境因素，以歐洲的區域整合為例，19 世紀初巴伐利亞邦的關稅同盟是在普魯士走向德意志統一的架構下所形成的，當下的國際體系則是處於拿破崙戰後，歐洲國際社會呈現多極的態勢所致。亦即，在多極的國際體系結構，成員間接觸頻繁且互動議題多元，強化區域性的特質，進而推展區域化的歷程與區域整合的態勢。再者，20 世紀後期的區域整合蓬勃發展之外部環境結構，亦是呈現出蘇聯解體後的多極體系，準此，國際體系從兩極轉變為多極的型態，更強化成員間互動的動能。

　　此外，區域內合作議題的推動，則是來自於內部成員間的互動與認知而來，這其中涉及到許多層面，包括國家學習、國際組織的作用以及知識社群（epistemic communities）的影響等，亦即，區域整合形塑出同儕國家之間的社會化行為。

參、政治科學領域

　　若從理論層次來分析區域整合的內涵，則可分為政治科學領域與經濟學領域兩個層面，在政治科學領域方面，主要透過功能主義（Functionalism）、新功能主義（Neo-functionalism）與政府間主義（Liberal Inter-governmentalism）來進行分析。

一、功能主義

　　功能主義是由 David Mitrany 所倡議的，他認為整合是一個過程，不僅是一個逐漸走向和平與繁榮的過程，亦是一種和平階層（working peace），主要是如何將國家積極的聚合在一起的過程。[4]他提出「實用功能途徑」（pragmatic functional approach）的方案，此種過程必須藉由國際功能性的制度——國際組織——所構築的工作網絡來運作，透過「分枝說」（doctrine of ramification）來強化功能性合作的擴散性。[5]亦即，某一部門的功能性合作會有助於其他部門的合作，或是開啟其他部門合作的動因。以歐洲交通網絡為例，歐洲的鐵路、公路、海上航運與航空運輸必須在時間和聯繫層面進行技術性的協調，功能性國際組的建立織不僅必須制訂出分配

---

[4]　David Mitrany, *A Working Peace* (Chicago: Quadrangle Books, 1966), pp. 90-92.

[5]　*Ibid*., p.97.

陸地與海上運輸合作的機制，進一步與運輸物品、生產與交易相關的機構進行合作，這就顯示出「分枝」的功能性。

此外，功能主義者認為整合是一種「由下而上」的過程，功能性的合作是由低階層政治（low-politics）領域，包括經濟與社會生活開展，基於社會對於經濟利益的需求，透過合作建立共同的認知，以跨越國界的經濟力、社會力的流動來達成目的。透過全球經濟整合所建構的榮景將是形成穩定與和平的國際體系之屏障，而經濟的統一最終會促成政治的統一。[6]

總之，功能主義者是藉由功能性國際組織的擴散，誘使國家之間在低階層政治的領域進行合作，最終希冀能達成政治統一的目標。

二、新功能主義

新功能主義則是由 Ernst Haas 所提出。Haas 認為整合可以增進國家間的互動，提升民族國家各自所處環境之聚合的過程。新功能主義者更強調經濟整合應以區域為場域，不僅重視超國家組織的建制，更對組織的目標、範圍、內部之權力結構、決策程序等議題提出建議。[7]據此，新功能主義者提出三個整合的核心概念：功能性

---

[6] Claude, "Swards into Plowshares," in Karl Deutsch, ed., *Political Community and the North Atlantic Area: International Organization in the Light of Historical Experience* (Princeton: Princeton University Press, 1968), pp.378-39.

[7] Ernst B. Haas, *Beyond the Nation-State: Functionalism and International Organization* (Stanford, California: Stanford University Press, 1964), pp.47-49.

外溢（functional spillover）、政治性外溢（political spillover）以及
提升共同利益（upgrading of common interests）。

　　功能性外溢是基於在現代化工業經濟的不同部門間存在著高
度的互賴，某一部門的任何整合行為不僅會達成最初始的目標，更
創造出與相關部門更進一步的行動。[8]政治性外溢則是描述適當行
為的過程，包括漸進式的期望轉變、價值的改變以及參與國政治利
益團體與政黨在功能性部門進行跨國的聯合，亦即，透過菁英層級
進行功能性的合作，除了修正觀念與行為外，更進一步達成政策的
外溢效果。[9]提升共同利益是透過制度化機制來扮演成員間的協調
者，誘使參與者接受提升共同利益的建議，並尋求妥協之道，進一
步強化核心制度的權力基礎。

三、自由派政府間主義

　　自由派政府間主義是由 Andrew Moravcsik 提出，他認為自由
派政府間主義是指在某一區域中，居領導地位國家間的政府領袖，
透過一連串談判的進行，來成達整合的歷程。[10]在區域整合的議題
上，一方面，國家利益是由經濟互賴所形成的限制與機會產生。另

---

[8] Leon Lindberg, *The Political Dynamics of the European Economic Integratio* (Stanford, California: Stanford University Press, 1963), p.10.

[9] Ernst B. Haas, *Beyond the Nation-State: Functionalism and International Organization* (Stanford, California: Stanford University Press, 1964) , p.409.

[10] Andrew Moravcsik, "Negotiating the Single European Act: National Interests and Conventional Statecraft in the European Community," *International Organization*, Vol.45, No.2, 1991, pp.19-56.

一方面，國家間談判的結果是取決於相關政府的權力與功能性的誘因，透過制度的場域來降低交易成本以及達成各自國內所重視議題的期望。准此，政府間主義著重於各國政策偏好，在整合的過程下，透過談判來進行聚合。

Moravcsik 以自由派政府間主義分析歐盟，試圖將其理解為理性的成員國政府以各自偏好和權力為基礎，追求各自所欲達成戰略的一種結果，其場域在於議程安排下所進行的政府間談判。當然，成員國間進行交易的結果，就展現歐洲整合的歷程。

表 2-4　有關區域整合理論的比較

理論類型	功能主義	自由派政府間主義	新功能主義
行為者	專門政策組織	國家	政治菁英
重心論點	1. 整合是個過程 2. 分枝說 3. 忠誠度會改變	1. 主權為中心 2. 制度的手段性 3. 政府間協議	1. 對功能主義做修正 2. 外溢→溢回 3. 提升共同利益
結果	1. 建構一個共同的技術面向 2. 透過國家間日益緊密的關係之加強 3. 跨國組織模式 4. 國家界線不復存在	1. 尋找最低共同利益點 2. 保護性策略 3. 受制於利益團體及選民	1. 政治菁英與超國家單位的結合 2. 從政治層面整合到經濟、內政等層面
代表	歐洲單一貨幣	共同外交暨安全政策	歐盟憲法
共同性	1. 效應溢出擴散是整合動力 2. 最後目標是克服民族國家的障礙 3. 達到政治、經濟整合目的		

資料來源：作者自行整理

　　根據表 2-4 的分析，就行為者而論，功能主義強調專門性政策組織的作用，並以分枝說為論述重心；自由派政府間主義則以國家為核心，強調政府間協議的重要性；新功能主義則是重視政治菁英與超國家單位的結合，三者皆希望能達到政治與經濟的整合目標。

肆、經濟學領域

　　區域整合的經濟學領域分析，包括關稅同盟理論（Customs Union Theory）、最適貨幣區域理論（Optimal Currency Area Theory）以及財政聯邦主義（Fiscal Federalism）。

一、關稅同盟理論（The Theory of Custom Union）

　　關稅同盟理論是由 Jacob Viner 所提出，不同於功能主義與新功能主義聚焦於制度與過程，其研究重心在於貨物市場，以及關注上述市場非歧視性福利的合併。[11]根據 Viner 的論點，關稅同盟的建立需包含減少內部的貿易障礙以及達成非會員國入口關稅的同等化，透過上述的效益，將使得成員國家間的交易成本更為降低，而更加增加因整合所獲得的淨收益。不過，此種關稅同盟的形式，對於參與成員國而言是自由貿易的形式，同時也是「保護」的政策，

---

[11] Jacob Viner, *The Customs Union Issue* (N.Y.: Carnegie Endowment for International Peace, 1950), pp.12-20.

造成「貿易創造」（trade creating effect）與「貿易移轉」（trade diversing effect）的效應。亦即，透過關稅同盟的政策，使得參與國藉由其他成員國的廉價商品進口取代本國同質產品，造成本國該產品的消費減少，卻增加其他產品的消費，藉以擴大參與國的社會福利，形成「貿易創造」的效果。此外，在關稅同盟的架構下，成員國僅能就參與國間購買本國原本採取進口的產品，此措施會使得該國購買到價格較高的參與國進口產品，而非原先價格更低的非參與國產品，此即增加該國的進口成本，造成參與國社會福利的減少，形成「貿易移轉」效果。此兩種效應是形塑關稅同盟建立的關鍵因素。

二、最適貨幣區域理論（The Theory of Optimum Currency Areas, OCA）

最適貨幣區域理論不同於關稅同盟，其目的在於創造貨幣同盟，而此一理論之先驅者為 Robert Mundell。Mundell 對此提出兩個核心的概念，[12]第一，在此一貨幣區域內，不僅存在共同貨幣的流通，其匯率亦是固定不變的，並藉以達成三個目標，亦即，1.維持完全的就業，2.維持平衡的國際支付，3.維持穩定的內部平均價格。第二，在上述的貨幣區域內，在不受到貨幣與財政政策干涉

---

[12] Robert Mundell, " A Theory of Optimal Currency Areas," in R. A. Mundell and A. K. Swoboda (eds.), *Monetary Problems of the International Economy* (Chicago: University of Chicago Press, 1969), pp.39-48.

下，有能力完成內部平衡（完全就業與低通貨膨脹）與外部平衡（支出平衡）。

　　Ronald McKinnon 則提出以「經濟開放程度」作為衡量 OCA 的標準，[13]其中，匯率的變動對於經濟開放程度高的國家影響很大，所以，對於經貿關係密切且經濟開放程度高的國家而言，組成單一貨幣區並實施固定匯率以達到穩定市場價格的動機就相對提昇。此外，包括 P. B. Kenen 提出以「產品多樣化程度」作為最佳貨幣區建立的指標，亦即，產品多樣性具有分散風險的作用，所以，相關產品多樣性程度較高的國家所結合成的貨幣區，經濟環境相對穩定。[14] J. C. Ingram 則從以國際經濟社會特徵提出「國際金融高度整合」作為分析的觀點，認為金融市場的整合程度越高，就越不需要在國際間藉由匯率調整來改變相對價格或成本。[15] J. M. Fleming 則將「通貨膨脹率的趨同性」作為分析指標，說明當成員國間具有相近的通貨膨脹率與相關政策的整合，才可能保持固定的匯率。[16] E. Tower 與 T. Willet 則是以「貨幣區成員國間的政策一致

---

[13] Ranold McKinnon, "Optimum Currency Area," *American Economic Review*, Vol.53, Issue.4, 1963, pp.717-725.

[14] P. B. Kenen, "Theory of Optimum Currency Areas: An Eclectic View," in R. A. Mundell and A. K. Swoboda (eds.), *Monetary Problems of the International Economy* (Chicago: University of Chicago Press, 1969), pp. 41-60.

[15] J. C. Ingram, "Comment: the Currency Area Problem," in R. A. Mundell and A. K. Swoboda (eds.), *Monetary Problems of the International Economy* (Chicago: University of Chicago Press, 1969), pp. 95-100.

[16] J. M. Fleming, "On Exchange Rate Unification," *Economic Journal*, Vol.81, 1971, pp.467-488.

性」作為衡量的標準，亦即，成員間在政治經濟目標上具有完備的協調，才有可能建立最適貨幣區。[17]上述學者都希望透過不同的分析指標建立研究「最適貨幣區」的途徑。

三、財政聯邦主義

財政聯邦主義是公共財政理論的分支，主要是探討聯邦國家內所引起特殊的財政問題，包括公共財、稅賦、公債的影響等議題。Musgrave 與 Oates 則認為傳統的財政聯邦主義是關於公部門功能合理分配和不同層次政府間財源合理分配的理論，[18]亦即，中央政府應承擔經濟穩定的功能與提供全國性的公共財（例如國防）。此外，許多探討財政聯邦主義的議題，都與研究區域制度的建立相關，特別是歐洲的例子——在歐盟會員國間，關於自由貿易與資本流動，朝向貨幣同盟的歷程，以及財政協調的意願性等。[19]亦即，財政聯邦主義的貢獻不僅在於促成經濟整合的適當政策協調，更連結私有市場與創造新制度的演進。

---

[17] E. Tower and T. Willet, "The Theory of Optimum Currency Areas and Exchange Rate Flexibility," *International Finance Section*, No.11, 1976, pp.663-685.

[18] Richard A. Musgrave, *The Theory of PublicFinance: A Study of Public Economy* (New York: McGraw-Hill, 1959); Wallace Oates Fiscal Federalism (New York : Harcourt Brace Jovanovich, 1972).

[19] Walter Mattli, *The Logic of Regional Integration --Europe and Beyond* (N.Y.: Cambridge University Press, 1999), p.38.

第二節　新區域主義（New Regionalism）

如何區分「舊」與「新」區域主義？Björn Hettne 提出以下幾個層面來探討：[20]第一，國際體系的結構。舊區域主義是在兩極對抗的冷戰系絡下產生的，新區域主義則是多極世界秩序下的產物。第二，成員自主性。舊區域主義下的成員是在強權國的主導下進行，而新區域主義則是來自於成員自主性的過程進行區域整合。第三，發展策略。舊區域主義多以經濟整合作為重心，展現出保護主義以及向內傾向（inward-oriented）的趨勢，新區域主義則是採取開放的方式與互賴的世界經濟共存。第四，議題焦點。舊區域主義大多聚焦於特定議題，例如經濟、安全等，新區域主義則是關注綜合性、多面向的過程，包括經濟、貿易、環境、社會政策、安全與民主等。第五，互動主體。舊區域主義著重與鄰近國家間的互動，亦即，透過與主權國家間的互動，藉以展現區域性的特性，新區域主義則是在全球架構下，透過與不同行為者間的互動（包括非國家行為者），開展不同層次效益。

準此，區域主義形成的因素相當廣泛，也符合 Hurrell 的研究，他將區域主義的概念分為五種類型：第一是區域化（regionalization），意指一個區域內社會性整合之成長與社會經濟間接互動之過程。第二則是區域意識與認同（regional awareness and identity）與區域自覺（regional consciousness）的概念形塑，強調內在因素的文化、

---

[20] Björn Hettne, "The New Regionalism Revisited," in Fredrik Söderbaum and Timothy M. Shaw, (eds.), *Theories of New Regionalism* (Houndmills: Palgrave Macmillan, 2003), pp. 22-23.

歷史或信仰之聯繫，以及外在因素在遭受威脅之際的安全觀點。第三是區域內國家間的合作（regional interstate cooperation），重視區域性的合作架構設計，藉以保護國角色並強化政府談判的能力，概念與政府間主義相近。第四是促進以國家為主體的區域整合（state-promoted regional integration），主要是透過參與國家間廢除人員、產品、勞力與資金的流通障礙，並將整合政策深化（depth）、整合工具機構化（institutionalization）以及機構權限的中央化（centralization）。第五則是區域內聚力（regional cohesion），強調區域內成員在經濟整合的架構下，逐步建立超國家區域組織，同時要兼具政府間主義與超國家主義（supra-nationalism）的特質，進而發展憲政結構（constitutional arrangement）。[21]

表 2-5　舊、新區主義的比較

指　　標	舊區域主義	新區域主義
國際體系結構	兩極體系	多極體系
成員自主性	受強權國影響，自主性低	成員自主性參與區域整合
發展策略	多採保護政策與向區域內發展態勢	採取開放策略與全球社會互動
議題焦點	經濟與安全議題為主	議題多元
互動主體	強調主權國家	國家與非國家行為者

資料來源：作者自行整理

　　就區域主義研究的歷程而論，首波區域主義研究的重心聚焦於歐洲整合經驗上，然而，歐洲的經驗要複製到其他的區域上是有困

---

[21] Hurrell, *op. cit.*, 1995

難的，導因於各區域有其特色和特殊的背景結構。以東亞地區為
例，探討 90 年代中期在東亞地區發生金融危機的兩個變數：集體
認同[22]（即為歐洲區域主義所未研究的指標）和經濟全球化所帶來
之挑戰，即為歐洲經驗無法與東亞區域結合之處。集體認同的研究
是建構主義論者的研究重心，強調國際政治中主要行為者間的關
係，取決於彼此間在環境影響下所建構出的認同，準此，此種認同
是行為者與其外在環境在互為主體性（inter-subjectivity）的互動過
程中所形塑之結果。所以，此波區域主義的研究更強調區域的特
性，不同的區域有不同程度的制度化形式出現，這也展現出「新區
域主義」的研究途徑。

　　80 年代中期出現的新區域主義主要展現在三個經濟區上，北
美自由貿易區（North America Free Trade Area, NAFTA）、歐洲共
同體（European Community, EC）和亞太經濟合作（Asia Pacific
Economic Cooperation, APEC）。Andrew Wyatt-Walter 認為，新區域
主義出現的結構性因素有四點，亦即，冷戰結束所帶動的非典型安
全（non-traditional security）之威脅、世界經濟權力平衡的轉變、
發展中國家的經濟改革、以及貿易非關稅壁壘日增的重要性。基於
對美國經濟實力的衰退和對美國單邊主義的畏懼，促使第三世界國

---

[22] 以東協為例，Amitav Acharya 認為東協有自身的集體認同，是安全共同體，
但也有學者不認同東協是安全共同體的說法。前者請參閱：Amitav Achrya,
Constructing a Security Community in Southeast Asia (N.Y.: Routledge, 2001);
後者請參閱：Shuan Narine, "ASEAN and the Management of Regional
Security," *Pacific Affairs*, Vol.71, No.2, 1998, pp.195-214.

家開始思考吸引外資、參與全球性多邊組織和進入全球市場的經濟改革方式。[23]

　　準此，區域研究朝向全球經濟所帶來的挑戰和管理上以及建構主義學派所強調的集體認同之形成與過程（formation and process of collective identity）。倘若區域主義為全球化對區域的一種影響結果，[24]對於區域內的成員而言，區域主義是回應全球化挑戰以增加區域穩定的方式，這和新自由制度主義（Neo-Liberal Institutionalism）強調的制度安排對行為者的影響相似，此外，單元內行為者間的互動對結構產生的影響，亦顯現區域內部的行為者認同凝聚和在區域層次上的投射。[25]新區域主義的研究得以跳脫過往靜態式的新現實主義、新功能主義和新自由制度主義中既定國家利益的理論假設，使得研究者有機會研究行為者的利益、行為者的特性和行為者互動的型態。

---

[23] Andrew Wyatt-Walter, "Regionalism, Globalization, and World Economic Power," in Louise Fawcett and Andrew Hurrell (eds.), *Regionalism in World Politics* (N.Y.: Oxford University Press, 1995) , p.92.

[24] Stephen Haggard, "The Political Economy of Regionalism in Asia and the Americas," in Edward D. Mansfield and Helen V. Milner, eds., *The Political Economy of Regionalsim* (N.Y.: Columbia University Press, 1997) , pp.20-49; 有關亞洲區域主義的特色展現請參閱 Peter J. Katzenstein, "Introduction: Asian Regionalism in Comparative Perspective," in Peter J.Katzenstein and Takashi(eds.), *Network Power: Japan and Asia*, (Ithaca: Cornell University Press,1997) , pp.1-44.

[25] Sorpong Peou, "Withering Realism? A Review of Recent Security Studies on the Asia-Pacific Region," *Pacific Affairs*, Vol.75, No.4, (winter 2002-03), pp.575-584.

　　亦即，新區域主義的研究焦點在於：全球化對於區域的影響和區域如何因應全球化，準此，互動的全球——區域——國家——地方等層次不能分開分析。Björn Hettne 認為新區域主義是在後冷戰時期下多元化的世界秩序中所孕育，其行為者包括全球體系各層次的非國家行為者，議題則涉及經濟、環境、社會政策、安全與民主等持續性與合法性相關的連結。[26] Hettne 指出新區域主義的研究，一方面認為區域化是一種涉及不同程度的異質性到不斷增加的同質性變化的過程，最重要的是文化、安全、經濟政策與政治制度的變化；另一方面，區域化是同時發生在世界體系結構（全球層次）、區域間層次與單一區域內的複雜變化過程。[27]

　　此外，Hettne 與 Fredrik Soderbaum 則是以區域性（regionness）展現出新區域主義的理論特色，他們定義「區域性」為一個特定的地理區域從消極的客觀向積極的主觀轉變，藉此將區域中的跨國利益連結起來的過程，一個區域的「區域性」程度越高，則該區域經濟互賴、交流、文化同質性、內聚力尤其是解決衝突的能力越高。準此，依據「區域聚合力」（regional coherent）的程度，Hettne 與 Soderbaum 將區域性分為五個層次：[28]

---

[26] Björn Hettne, "The New Regionalism: A Prologue" and "Globalization and The New Regionalism: The Second Great Transformation," in Bjorn Hettne and Andras Innotai (eds.), *Globalism and the New Regionalism*, (N.Y.: Macmillan, 1999), pp.7-10.

[27] *Ibid.*, pp.11-16.

[28] Björn Hettne and Fredrik Soderbaum, " Theorising the Rise of Regionness," in Nicola Phillips, Shaun Breslin, Ben Rosamond and Christopher W. Hughes(eds.), *New Regionalism in the Global　Political Economy* (New York: Routledge, 2002) , pp.37-45.

1. 區域空間（regional space）：是指一種沒有組織化的國際或世界社會原始地理和生態單元。

2. 區域複合體（regional complex）：是一種顯現人類團體之間的社會、政治、文化與經濟跨越地方關係的社會體系。

3. 區域社會（regional society）：是一種經由合作中的國家組成卻又包括非國家行為者在內的互動過程。

4. 區域共同體（regional community）：是指該區域轉變成為一個超越舊國家邊界的行為主體過程。

5. 區域國家（regional state）：是區域性的最高層次與區域化的最終結果。

　　新區域主義在地理分布上、規模上和制度化程度上都存在著多樣性。在地理分布上，有歐洲、北美和亞太區域主義之並行；而在規模上，有雙邊和多邊的安排，以及自由貿易區和成長三角的存在；在制度化程度上，則存在著如 APEC 所體現的開放性區域主義、歐盟體現的整合式區域主義和 NATO 體現的侵入性區域主義等。[29]新區域主義的多樣性所體現的政經互賴關係以及全球化和區域主義間的競合關係，[30]則有區域特色的資本主義產生，並在區域層次上所呈現出的區域安排具有強烈的區域特色和複合現象。

　　以亞太經濟體為例，此區的網絡生產結構以及國家和企業間的結合使得此區發展出以社會生產方式為基礎的經濟政策，而這種特

---

[29] Amitav Acharya, "Regionalism and the Emerging World Order," in Shaun Breslin et al. eds., *New Regionalism in the Global Political Economy*, pp.20-32.

[30] Björn Hettne and Fredrik Soderbaum, *op. cit.*, p.33.

色更加強了亞洲意識（Asian consciousness）。因此學者乃指出，亞洲區域主義的特色是網絡形式的整合（network-style integration）和市場力量的推動，由於缺乏正式的政治制度，因此亞洲區域主義受到來自國際體系的權力與規範和國內政治結構與特質的因素所決定，呈現出正式和非正式的區域整合現象。[31]區域經濟安排的方式乃是區域本身的特色和國際與區域結構互動的反應。

第三節　歷史制度論

壹、概論

歷史制度論的研究議題聚焦於制度的動態（institutional dynamism）與變遷（institutional change），以及創新理念與制度制約間的互動。所以，歷史制度論試圖闡明政治競爭如何在制度的設計中達成調解，相關學者定義制度為「個人之間在不同政治與經濟單位中的結構關係，包括了正式的規則、非正式的限制（慣例與行為的規範）、順從的程序與標準化的控制常規」。[32]Hall 與 Taylor 則

---

[31] Peter J. Katzenstein, "Introduction: Asian Regionalism in Comparative Perspective," in Peter J. Katzenstein and Takashi (eds.), *Network Power: Japan and Asia* (Ithaca: Cornell University Press, 1997) , pp.1-44.

[32] Douglass C. North, Institutions, *Institutional Change, and Economic*

從四個層面說明歷史制度論的特徵：[33] 1.歷史制度主義傾向在相對廣泛的意義上界定制度與個人行為間的關係；2.強調在制度運作和產生過程中權力的不對稱性；3.在分析制度建立和發展過程中，強調路徑依循（path dependence）與非預期性結果（unintended consequence）；4.特別關注以其他因素，尤其是能產生政治結果的因素來整合制度分析。準此，歷史制度論強調路徑依循對制度的影響，形塑制度的動態，以及重視偶發事件影響制度的變遷，產生非預期的結果，卻也不忽略權力的運作與影響力。

此外，歷史制度論者將研究的重新至於規範、過程以及習慣的程序，並強調行為者計算能力的重要性，所以，該理論強調的是社會系絡的限制性，並將制度視為是選擇與偏好決定的機制。Hall 曾指出制度會導引兩個方向，其一為制度會形塑政治行動者所追求的目標，另一則是制度間所建構的權力關係，會賦予個人部分的特權，同時也使其他人處於不利的條件之中。[34]

Performance (Cambridge : Cambridge University Press, 1990)，p.4；Peter A. Hall and Rosemary C. R. Taylor, " Political Science and the Three New Institutionalisms," *Political Studies*, Vol.44, 1996, p.938；Sven Steinmo and Kathleen Thelen(eds.), *Structuring Politics: Historical Institutionalism in Comparative Analysis* (Cambridge: Cambridge University Press, 1992)，p.2.

[33] Peter A. Hall and Rosemary C. R. Taylor, "Political Science and the Three New Institutionalisms," *Political Studies*, Vol.44, 1996, p.938.

[34] Peter A. Hall, "The Movement from Keynesianism to Monetarism: Institutional Analysis and British Economic Policy in the 1970s," in Sven Steinmo and Kathleen Thelen (eds.), *Structuring Politics: Historical Institutionalism in Comparative Analysis* (Cambridge: Cambridge University Press, 1992)，p. 90.

　　所以，歷史制度論雖著重於歷史分析，仍須釐清歷史事件中大小事件對制度的影響，以及偶發事件如何形塑之制度變遷的脈絡。以下便就該理論的分析指標予以闡釋。

貳、歷史制度論的闡釋

　　歷史制度論者重視路徑依循、報酬遞增（increasing returns）、正向回饋（positive feedback）、自我增強序列（self-reinforcing sequences）、關鍵轉捩點（critical juncture）以及斷續均衡（punctuated equilibrium）等與制度鑲嵌概的念，準此，本書則試圖先將這些概念予以釐清，藉以找出學者論述間的共通性。

一、路徑依循

　　Krasner 透過理性選擇中的路徑依循概念解釋制度如何受到歷史的影響，認為歷史的發展就是路徑依循，並將路徑依循當成樹枝分岔的序列發展模式（branching tree model of sequential development），亦即，過去建立的制度會對當下的選擇形成限制，使行動者的偏好受制於制度結構，影響後續的制度變遷與重塑。[35]制度經濟學家諾

---

[35] S. D. Krasner, "Approaches to the State: Alternative Conceptions and Historical Dynamics," *Comparative Politics*, Vol.16, No.2, 1984, p.240.

斯（Douglass North）認為，路徑依循的目的在指出歷史的重要性，倘若不追塑制度逐步累積的演變，便無法理解當下的決策。[36]

　　Sheri Bernan 認為路徑依循是一個很模糊的概念，意指歷史事件或過往影響未來的發展，[37]Paul Pierson 將此概念區分為廣義的定義，[38]亦即，在時間序列中，先前階段的因果關聯，如同 William Sewell 認為，在早期時間點所發生的事件將會影響後續時間點上，事件序列發生的可能結果；[39]以及狹義的觀點，指一旦國家或區域採行某一制度軌道，亦形成逆轉（回頭）的成本過高。[40]準此，路徑依循是指目前和未來國家、行動或抉擇是鑲嵌於之前國家、行動或抉擇。所以，在理論的建構上，此概念涵蓋了以下的主題：制度的選擇、政府政策的制訂、抉擇的技巧以及語言與法律的制訂。[41]

---

[36] 劉瑞華譯，Douglass North 原著，《制度、制度變遷與經濟成就》，台北：時報文化，1994，頁 120。

[37] Sheri Bernan, "Path Dependency and Political Action: Reexamining Responses to the Depression," *Comparative Politics*, Vol.30, No.4, 1998, pp.379-400.

[38] Paul Pierson, "Increasing Returns, Path Dependence, and the Study of Politics," *American Political Science Review*, Vol.94, No.2, 2000, p.252.

[39] William H. Sewell, "Three Temporalities: Toward an Eventful Sociology," in Terrance J. McDonald, ed., *The Historic Turn in the Human Sciences* (Ann Arbor: University of Michigan Press, 1996) , pp.262-263.

[40] Margaret Levi, "A Model, a Method, and a Map: Rational Choice in Comparative and Historical Analysis," in Mark I. Lichbach and Alan S. Zuckerman(eds.), *Comparative Politics: Rationality, Culture, and Structure* (Cambridge: Cambridge University Press, 1997) , p.28.

[41] 請參閱，Brian Arthur, *Increasing Returns and Path Dependence in the Economy* (Ann Arber: University of Michigan Press, 1994) ; Jacob Hacker, *The Divided Welfare States : The Battle over Public and Private Social Benefits in the United States* (Cambridge: Cambridge University Press, 2002) ; Oona A.

　　亦即，歷史制度論者認為「政治制度並不全然是其他社會結構，例如階級的衍生物，但對於社會現象卻具有獨立的影響力；許多結構和結果都不是計畫之下或預期的，而是非預期和有限選擇下的結果」。[42]所以，根據路徑依循的觀點，「當下的抉擇和可能性都受到過去抉擇的限制和制約」。此外，Banchoff 則認為制度的遺緒會影響行為者的群集，亦即，在既定的議題領域中，群集的行為者（團體）將會展現影響決策的權力。再者，上述的遺緒將會在國家內產生具權力的網絡，而這些社會行為者在制度實踐的風險下，藉由利益平衡的轉換以助於現狀的持續。最後，因果的路徑會導引路徑依循。[43]

　　根據上述學者的論述可知，研究路徑依循的結構中，觀察的時間是重要的因素，制度的建立與變遷在時間序列的結構中，交疊歷史遺緒、文化因素與社會的結構與社會化的影響，並形成制度的選擇，進而鎖定制度的發展，再藉由環境的結構、行為者間的互動模式、制度的結構以及社會化的動能，形塑出制度的路徑依循，圖2-2 所示。

Hathaway, "Path Dependence In the Law: The Course and Pattern of Legal Change in a Common Law System," *The Iowa Law Review*, Vol.86, No.2, 2001, pp.98-165.

[42] Richard W. Scott, *Institutions and Organizations* (CA.: SAGE Publications, 2001) , pp.2-3.

[43] Thomas Banchoff, " Path Dependence and Value-Driven Issues ── The Comparative Politics of Stem

Cell Research," *World Politics*, Vol.57, 2005, pp.207-211.

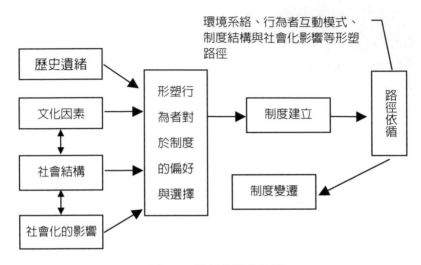

圖 2-2：路徑依循的結構

資料來源：作者參考徐正戎、張峻豪,〈從新舊制度主義看我國雙首長制〉,《政
治科學論叢》,第 22 期,2004,頁 152。

　　據此,Banchoff 定義兩個主要的因果路徑以及三階段分析來連結制度與結果（政策體制）,如圖 2-3 所示。

因果路徑一：利益導向的議題（Interest-Driven Issues）

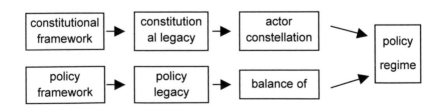

因果路徑二：價值導向的議題（Value-Driven Issues）

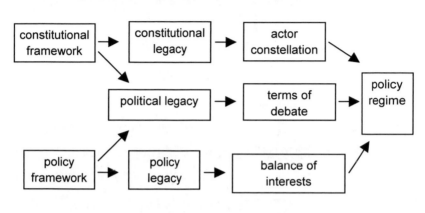

圖 2-3　路徑依循的解釋邏輯

資料來源：Thomas Banchoff, "Path Dependence and Value-Driven Issues—The Comparative Politics of Stem Cell Research." World Politics, Vol.57, 2005, pp.211.

　　此分析架構說明，將歷史制度論置於國家制度的路徑依循效果，不僅是要討論行為者與利益，同時也要論及政策的爭辯。所以，Banchoff 提出三階段途徑來探討既定的個案：描述政策結果的解釋；描述相關憲政、政策與政治遺緒；結合行為者群集、平衡利益與因果路徑藉以闡釋政策的結果，[44]這也是多數歷史制度論者研究政策與制度變遷的焦點。分析因果路徑一，利益導向引導政策的發展，亦即，憲政架構與遺緒形塑行為者的群集，這與政策架構和遺緒所建構的利益平衡，構築政策的體制。而在因果路徑二之中，憲政與政策遺緒牽動政治遺緒，進而凸顯議題選項，再結合行為者的

---

[44]　Thomas Banchoff, op. cit., 2005, pp.209-211.

群集與利益平衡，則建構價值導向的政策體制。這說明路徑依循必需涵蓋利益與價值面向的分析。

此外，根據上述的論點，對於闡釋路徑依循的概念，必須考量以下的特質：[45]第一，路徑依循的分析應包括因果過程的研究，因其涉及歷史序列早期的敏感事件，而這些在序列中所發生的事件，將影響後續的發展，例如在 Arthur 所討論「Polya」的實驗中，前幾輪所選擇的色球將會影響球箱中色球的比例，[46]更重的是，色球的選擇是非預期的。第二，在路徑依循的序列中，早期的歷史事件是偶發的，並無法解釋這些事件具有優越性或初始條件，如同「Polya」的實驗，最終球箱內色球的組合比例，在最初的色球被選擇之前，都是不確定的。第三，一旦偶發的歷史事件發生，路徑依循序列將依慣性（inertia）而決定因果型態，[47]接續的發展路徑會因為被選擇的關係，而造成了制度性的自我增強序列與正向回饋，透過制度的不斷再製，持續維繫了制度基本的結構。

如同柯志明以小鋼珠的遊戲作為比喻：[48]

---

[45] James Mahoney, "Path Dependence in Historical Sociology," *Theory and Society,* Vol.29, 2000, pp.510-511.

[46] Brian Arthur, *op. cit*., 1994, pp.16-17.

[47] 在自我增強的序列下，慣性包括再製（reproduce）一項特殊的制度型態，而在反應序列（reactive sequence）下，慣性包括反應與對抗反應（counterreaction）機制，用以行塑事件鏈「固有的邏輯」，其目的在於闡釋每一事件本質上都會導致另一事件的發生。

[48] 柯志明，《番頭家：清代台灣族群政治與熟番地權》，台北：中央研究院社會學研究所，2001，頁 372。

像是在小鋼珠遊戲裡，沿著上窄下寬的樹枝狀路徑，拾級而下。每一選擇不僅是放棄了一些可能的替代機會，而且前一個選擇所決定的路徑往往限定了下一個選擇的可能路徑。從事一個選擇的同時已經排除了其他的選擇，也構成了其後選擇的限制條件。

二、報酬遞增

根據路徑依循的概念，在某一個特殊方向的先前步驟或事件，將導引著持續往同一方向發展的結果，報酬遞增的過程扮演著重要的角色。在此一過程中，制度或政策朝向同一路徑發展是基於目前行動的相關利益相較於其他選項而言，是漸進增加的，轉換其他路徑發展的成本卻是相當高。亦即，行為者藉以產生動機而將其發展路徑鎖住（lock-in），亦有人將其描述為正向回饋效果。[49]

Arthur 則從經濟學的途徑提出四種特徵來說明報酬遞增產生的社會系絡：[50]第一是大規模的方案或固定持本（large set-up or fixed costs）。藉由產品的大量生產，固定成本將被擴散至產出，導致單位成本下降，而當固定成本過高之際，個別行為者或組織就更有動機去認同與緊盯單一方案。第二是學習效果（learning effect）。個別行為者透過知識的傳遞學習到如何有效的使用產品，此經驗可能激勵產品的創新或是相關的行動。第三是協調效果（coordination effect）。此效果發生在當個別行為者接收到來自於某一特殊行動

---

[49] P. Pierson, *op. cit.*, 2004, pp.133-156.

[50] Brian Arthur, *op. cit.*, 1994, p.112.

（技術）的利益，而此一利益亦由其他行為者採行相同的行動所致，在此過程中，該項行動則體現出正向網絡的外部性（positive network externalities），將使得更多行為者採行相同的行動。第四是適當的預期（adaptive expectations）。基於個別行為者預期的自我實現特徵，當某一方案不被多數者接受之際，行為者將會另尋良方。

根據 Arthur 的論點可知，行為者在市場競爭中，受到利益考量的驅使，調整技術或採行某一行動，用以降低成本並據以朝向產品創新、開拓市場的路徑發展。但在政治學領域中，市場中「看不見的手」，卻往往由政治權威所取代，也使得報酬遞增過程在這兩個領域中的詮釋，出現不同的模式。Pierson 則從兩個途徑將報酬遞增的概念引入政治學領域的研究，第一是透過四個指標：[51]1.集體行動的角色，2.制度的高密集度，3.藉由政治權威強化不對稱權力使用的可能性，以及 4.政治的複雜性與不透明性（opacity）來說明報酬遞增過程在政治學領域中廣泛的程度。第二是藉由學習強化有效的競爭機制、政治行為者在短時間內的視野（the shorter time horizons）以及政治制度的現狀偏見（the status quo bias）來解釋在政治學領域中報酬遞增過程的特殊強度。

從 Pierson 的研究可知，在政治學領域中探討報酬遞增會形塑幾個特徵，第一是偶發性（contingency），即便是小事件，只要出現在對的時間，都可能產生影響極大甚至持續的結果。第二是時間與序列的角色，第三是慣性，意指當報酬遞增過程建立之際，正向回饋就會形成單一均衡。據此，本書所欲探討的國際社會化，若國

---

[51] P. Pierson, "Increasing Returns, Path Dependence, and the Study of Politics," *American Political Science Review*, Vol.94, No.2, 2000, pp.257-262.

家行為者藉由規範與制度的內化，做為報酬遞增的解釋，亦產生關聯性，此部分將於文後再進行分析。

三、自我增強序列[52]

Bernhard Ebbinghaus 將自我增強過程（序列）視為一種社會機制（social mechanism），透過網絡的效果來擴散一項制度。亦即，當越多行為者採行此一制度或相關創新技術，回饋就會隨之增加，例如，當越來越多人使用 email，較高的回饋則產生於其他人也採用此一溝通方式。同樣的，當自我增強過程產生結果之際，路徑採行的方向將會穩定，亦形成鎖住（lock-in）的趨勢，亦有助於制度的穩定。

據此，Ebbinghaus 結合 Mahoney 區分效用論、功能論、權力與正當性的途徑以及 Ackermann 描述的三種機制：在管制與行動層次上的協調效果、補充性與互賴性，[53]發展出自我增強的四個模型，用以解釋制度的慣性，以圖 2-4 表示之。

在效用理論中，行為者間的協調效果來自於網絡的經濟規模，亦即，越多使用者參與該網絡，將使更多人從中獲利。這其中還包括行為者基於自利的考量，再製（reproduce）既存的制度，並透過學習的過程來強化行為者承擔短期成本的意願。政治制度則聚焦於政治制度與中介利益團體的角色，藉由政治制度與政策形塑機會結

---

[52] Ebbinghaus 則以自我增強過程（self-reinforcing processes）稱之。請參閱 Bernhard Ebbinghaus, "Can Path Dependence Explain Institutional Chang," *MPIfG Discussion Paper* 05/02, 2005, pp.1-31.

[53] *Ibid.*, pp.8-11.

構與策略偏好的政治行動，使得行為者參與制度的運作。其中，菁英團體是重要的媒介並獲得制度的授權。

在功能系統論中，制度間透過鑲嵌（embedding）、相互連結以及相互支持來維繫其制度的互補，[54]此外，制度提供體系能夠運作的「功能」，形塑自我增強過程。最後，社會學制度論則是以涂爾幹所論及制度的規範性功能作為分析的起始。亦即，制度化的認知面向也會強化路徑依循的持續：社會中具支配的行為規範，行為者將之內化為認知基模（cognitive schema）與被社會化為理所當然的慣例。

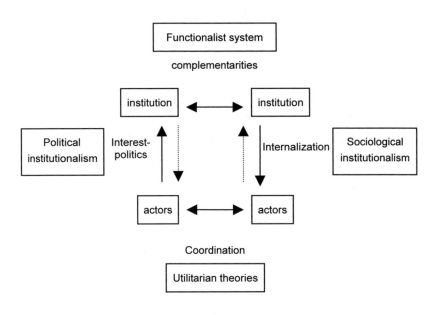

圖 2-4　自我增強的機制

資料來源：Bernhard Ebbinghaus, " Can Path Dependence Explain　Institutional Chang?" MPIfG Discussion Paper 05/02, 2005, p.21.

---

[54] James Mahoney, *op. cit.*, 2000, p.519.

四、關鍵轉捩點（關鍵時刻）

Ruth Collier 與 David Collier 認為「關鍵轉捩點」是指當制度產生反應序列或陷入危機之際，提供行動者機會條件，在某一特定時間點形成制度的改變。[55]James Mohoney 則認為，所謂「關鍵轉捩點」是指：[56]第一，在選擇點（choice points）上，這個時間點有個特定的方案從兩個或兩個以上的方案中被挑選出來；第二，當某一個特定的方案被選出，即使其他方案依然存在，它也難以回到最初的節點上。亦即，行為者在面臨關鍵時刻，擁有許多方案可以抉擇，一旦選擇某一特定方案後，就很難回頭採行並未選擇的方案，因為它將使制度變遷的軌跡出現轉折，往另一個路徑前進。

然而，制度如何會陷入轉折時機？這可從內生（endogenous）與外生（exogenous）環境因素來說明。前者指制度本身的內生因素，隨著長期的發展，制度內部的各種因素彼此間產生些許的矛盾與衝突；後者指制度外在環境的變動，例如國家權力、社會物質或行為者理念等的改變。[57]這些環境因素的改變，衝擊既存制度的再

---

[55] R Collier and D.Collier, *Shaping the Political Arena: Critical Junctures, the Labor Movement, and Regime Dynamics in Latin America* (Notre Dame: University of Notre Dame, 2002), p.19.

[56] James Mahoney, "Path-Dependent Explanations of Regime Change: Central America in Comparative Perspective," *Studies in Comparative International Development,* Vol.36, No.1, 2001, p.113.

[57] 呂育誠，〈公共組織變革的另類思惟：歷史制度主義觀點的啟示〉，《公共行政學報》，第七期，2002，頁154。

製機制，使得制度運作陷入危機，也提供行為者改變制度的時空條件，路徑將形成換軌。

五、斷續均衡

　　當關鍵轉捩點引發制度轉變後，制度會如何發展呢？Krasner 認為處於長期靜態下突然出現的快速制度變動或政治行動者的策略與選擇，而在路徑依循與制度的制約下，亦會形成另一個新的歷史制度結構或制度均衡狀態，並處於一種「斷續式均衡」的狀態。[58]亦即，制度會在特定的均衡狀態下維持一段時間，直到關鍵轉捩點出現，才使制度產生改變，變遷後的制度就形塑另一新的均衡狀態，繼續依路徑依循模式運作下去，直到下一個關鍵轉捩點產生，才再度產生變革。這又與 Gould 與 Eldredge 的論述一致，他們認為達爾文所謂的進化過程是緩慢的，轉變的過程是持續且緩慢到足以適應環境的條件，而快速的進化變遷是來自於地理上瞬間的事件。[59]

　　根據 Krasner 的論述可知，路徑依循鎖定出制度發展的軌跡，而斷續均衡進一步指出制度變遷後，會成為另一個均衡狀態，也就是回到自我增強序列的過程，制度持續穩定的在環境制約下發展。

---

[58] S. D. Krasner, *op. cit.*, 1984, p.242.

[59] Stephen Jay Gould and Niles Eldredge, "Punctuated equilibria: An alternative to phyletic gradualism," in Thomas Schopf, ed., *Modles in Paleobiology* (San Francisco: Freeman, Cooper and Company, 1972), p.177.

第四節　國際社會化理論

對於國際社會化意涵乃根據 Frank Schimmelfennig 所提出的定義，加以逐步強化。Schimmelfennig 認為，「國際社會化是一種過程，亦即，引導一個國家朝將國際環境所構築的信念與規範予以內化（internalization）的過程」。[60]根據上述的定義，國際社會化則意涵幾種概念上的抉擇：第一，社會化乃指涉一種過程而非結果。亦即，行為者將信念與實踐予以內化的過程。第二，內化是指將所採取的社會信念與實踐導入行為者認知與行為的曲目之中。其中，內部懲戒機制（internal sanctioning mechanism）能否有效發揮制止脫軌的偏好成為破壞規範的行動，以及獲取資源的資格界定，就成為關鍵所在。[61]第三，在國際政治領域的社會行為者，都是團體性的行為者。不同於個人透過心理學層次的內化概念，國家社會化乃是團體行為者的行為，主要是基於內部懲戒機制的運作來運行。最後，社會化過程的實質內容，主要是以信念與實踐的概念推展為要，而社會化的核心功能在於社會秩序的再製與擴散，當然，透過制度化的機制來建構上述的內容，就至為關鍵。

研究國際社會化的學者，不論是 Frank Schimmelfennig、Kenneth Waltz、John G. Ikenberry 與 Charles A. Kupchan、Martha Finnemore

---

[60] Frank Schimmelfennig, "International Socialization in the New Europe: Rational Action in an Institutional Environment," *European Journal of International Relations*, Vol.6, No.1, 2000, pp.111-112.

[61] Robert Axelrod, "An Evolution Approach to Norms," *American Political Science Review* , No.80, 1986, p.1104；James Coleman, *Foundation of Social Theory* (London: Belknap Press , 1990), p293.

和 Kathryn Sikkink、Kai Alderson 以及 Jeffrey T. Checkel、Ann Kent、Judith Kelley、Thomas Risse、Stephen C. Ropp [62]等學者，在將國際社會化操作化的過程中，不論是內化的過程、涉入體系的範疇、懲戒機制的作用或是國際組織的規範，都隱含著一個重要的概念未被學者們討論，亦即，國家學習。即便是透過國際社會化的歷程所形成的結果，包括社會秩序的再製與擴散、霸權體制的成形、國際規範的建立以及國家政策的轉變，都顯示出國家學習的重要性。當然，單一國家的學習行為對於國際的情勢並不會造成質變的結果，但是，大多數國家都展現出學習某一規則、調整某一政策之際，國際社會所激起的連鎖效應，就成為國際社會化的動力。

何謂國際社會化？學者間仍存有不同的看法，這也反映出其不同的研究途徑與觀察方式，以下筆者將不同學者的定義，整理如表

---

[62] 相關討論請參閱 Frank Schimmelfennig, *op. cit.*, ；Kenneth N. Waltz, *Theory of International Politics* (N.Y.: Random House Press, 1979)，p.128；John G. Ikenberry and Charles A. Kupchan, "Socialization and Hegemonic Power," *International Organization*, Vol.44 , No.3, 1990, p.284；Martha Finnemore and Kathryn Sikkink, "Norms, culture, and world politics: insights from sociology's institutionalism," *International Organization*, Vol.50 , No.2, 1996, pp.325-347；Kai Alderson, " Making sense of state socialization," *Review of International Studies* , Vol.27, 2001, pp.415-433；Jeffrey T. Checkel, "International Institutions and Socialization in the New Europe- Chapter 1 : introduction," *ARENA working papers*, WP 01/11, pp.2-3；Ann Kent, "China's International Socialization: The Role of International Organization," *Global Governance*, Vol.8, 2002, pp.343-364；Judith Kelley, "International Actors on the Domestic Scene: Membership Conditionality and Socialization by International Institutions," *International Organization*, Vol.58, No.3, 2004, pp.425-457；Thomas Risse, Stephen C. Ropp, and Kathryn Sikkink, *The Power of Human Rights ：International Norms and Domestic Change* (U.K.: Cambridge: Cambridge University Press, 1999), P.11.

2-6 所示，藉以理解國際社會化的概念，並從而尋找出可供分析的脈絡，並建立更形完備的概念，並給予其操作化的意涵。

表 2-6　學者對於國際社會化概念的貢獻

概念 作者	定義	操作化	媒介	內容
Schimmelfennig	內化國際規範與信念	內化過程	國家內部制度化機制	社會秩序的再製與擴散
Waltz	國家間相似的過程	涉入體系的範疇之中	結構	追求權力與生存
Ikenberry 與 Kupchan	學習規範與理念的過程	物質誘導與懲戒	次級國家的菁英社群	霸權體制
Finnemore 和 Sikkink	誘導新會員採行國際規範的過程	懲戒機制與同儕壓力	國際組織、國內官僚組織	國際規範的建立
Alderson	內化國際規範的過程	內化過程	個別社會成員、政府、國家內部機制	國家間的互動
Checkel	學習的過程	契約行為、制度情境與社會互動	國際制度	社會互動
Kent	國際組織影響國家成為成員的過程	國際組織的制度性規範	國際組織	國際組織的權力
Kelley	國家透過立法過程內化國際規範	國際制度影響國家行為	國際組織	國家政策的轉變
Risse、Ropp、Sikkink	透過原則性的觀念演變成規範，再回頭影響國家的行為和國內的結構	漸進式適應、溝通、道德性論述	跨國性倡議網絡	認同、利益與行為規範的內化

資料來源：作者自製

不過，Schimmelfennig 並未清楚說明「內化」的過程是如何進行？此外，何謂「內部懲戒機制」？該機制如何運作？如何扮演國際社會化的橋樑？以及，國家行為者為何服膺於上述的懲戒機制？這都是作者並未明確說明之處。Waltz 認為國家行為者透過社會化的歷程使其「涉入國際體系的範疇」之中，使得國家行為者之間變得相似，亦取得體系成員的身份。不過，Waltz 並沒有進一步說明社會化的歷程如何促使其所論述的「結構」成形？國家是否如同個人在政治社會化的過程中，會受到媒介的影響？以及更核心的問題在於，Waltz 所闡釋社會化的主體性為何？Ikenberry 與 Kupchan 則說明社會化是一種學習將規範與信念傳遞給其他行為者的過程，至於傳遞的媒介則是由霸權國透過次級國家內部的政治菁英社群來進行，但是其所論述的社會化過程有時空的限制。

Finnemore 與 Sikkink 是以國際規範的建立階段來說明國際社會化進行的歷程，不過，對於實質的懲戒機制的意涵為何，並未確實說明，再者，同儕國家的壓力所產生的效果有多大？其中是否需透過霸權國的主導來強化上述的壓力作用？作者都未闡釋。Alderson 指出研究國際社會化的核心議題，即「內化」的意涵以及「規範性內容」的範疇，並透過國家內部的政治菁英與大眾認知的轉變，施展政治壓力影響國家政府服膺特定的國際規範。不過，論者則僅以國際制度為主要的重心，對於霸權國、同儕國家的影響、國際制度所涉及的共同認知，以及國際組織的影響程度都並未予以闡釋。

Checkel 將國際社會化視為國家學習規範與理念的過程，藉由國際制度提供規範運作與實踐的標準，一方面著重國家內部媒介的行為，包括來自於市民社會對於決策者的壓力，以及知識社群與國

家官僚機構的學習歷程，另一方面則重視國際規範建立的成因。不過，論者所提出影響國際社會化的變數似乎仍未竟全功，第一，市民社會所形成的社會異議，是否與國際社會的規範接軌？知識社群與國家官僚的學習標的是否為國際規範的核心價值？抑或與其背道而馳？第二，國際社會所形塑的規範，僅因時空環境提供動能？根據實際經驗，國際規範與理念的轉化，除了特殊的時空環境之外，霸權國家的主導亦是重要的因素。

根據 Kent 的論述可知，國際組織對於國際社會化的歷程形成助力，一方面，國際組織透過規範、條約的約束來促使國家行為者遵從國際社會所認同的理念，另一方面則是提供參與國家誘因，不僅提昇國際地位與影響力，更可以獲得實質的利益。不過，作者似乎過於強化國際組織在促成國際社會化的角色。Kelley 對於國際社會化歷程所研究的實際個案，提供一個明確的運作方式，透過國際制度與組織所形塑的勸服與社會影響力，使得東歐國家在此種社會化基礎的引導下，調適並改變國家的政策，藉以符合成員行為一致性的門檻。不過，Kelley 僅以政策產出的結果做為國家進行社會化的歷程，缺少分析東歐國家之所以服膺國際制度與組織的原因，這也顯示出分析國際社會化的歷程，僅由單一面向來解釋，會形成見樹不見林的個案來推論通則的問題。

本書所定義的國際社會化分析指標是以霸權國（強權國）的影響分析，霸權國扮演理念與信念擴展的角色，以其自身的實力來強化國家間的信任關係與勸服的歷程，更掌握共同利益的配置以及懲戒不服從規範的國家，藉以達成規範的建立。而國家學習則是涵括理念、信念與知識的傳遞，當國家行為者學習到社會化的內容，藉

由互惠性的連結促使規範的建立。共同利益的認同是國家行為者間
基於對共同利益認知的勸服歷程，藉由信任關係的建立、互惠性的
連結，強化規範建立的過程。國際組織的作用則是國際社會化的另
一重要的分析指標，國際組織提供一個場域包括理念與信念的擴
展、以及國家行為者間的勸服歷程、互惠性連結、利益配置以及懲
戒機制的場域，更是規範得以建立與推展的重要機制。法制化的分
析則是闡釋國家間對於國際承諾的信任，這也涵括國際規範建立的
內化歷程，亦是展現國際社會化的內化概念。

第五節　研究理論的連結

　　從研究歐盟政經發展脈絡的理論與途徑分析，包括功能主義、
新功能主義與自由派政府間主義在內的區域整合理論是重要的研
究開端，隨著國際環境因素與國際體系與結構的改變，新區域主義
的途徑亦開啟了歐盟研究的典範，此一脈絡構築一個重要的背景因
素。亦即，在經濟與政治層面的議題方面，上述的理論不僅形塑出
歐洲的歷史發展，亦成為研究者探討的主軸。本書則藉由上述的理
論架構連結歷史制度論與國際社會化兩種研究途徑，希冀呈現出一
種巨觀的歐盟分析模式，並以政策的產出作為指標性議題，藉以導
引出歐洲認同的背景。準此，筆者將先從歷史制度論與國際社會化
的比較作為探討理論結合的起點，再者，將兩種理論相同與相異之
處與歐盟政經政策制訂結合，建構出解釋歐盟發展的分析模式。

壹、歷史制度論與國際社會化

由前述的分析可知,歷史制度論對於制度變遷的分析,是採取動態(dynamic)的分析觀點,並著重於探討制度為何(Why)以及如何(How)產生變遷,亦即,對於具體的歷史脈絡,從時間面來分析每個事件發生的前因後果,在制度與行為者具有回饋與自我增強過程的交互作用中,尋求制度變遷的原因。就國際社會化的分析而論,規範的內化與制度的建構成為行為者間形塑共同利益的關鍵,所以,維繫制度運作與再製、國家的學習歷程、行為者涉入體系運作的身份取得,則對於制度發展的路徑,形塑出可供研究的軌跡。

一、相同點

制度變遷是歷史制度論討論的核心,不論是 Krasner、Bernan、Pierson 或是 Sewell 等人,都認為歷史的發展就是路徑依循,歷史事件會對於時間序列上的事件造成影響,當制度的路徑或因報酬遞增,亦或是自我增強序列的強化,被鎖定於某一方向發展,將難以形成逆轉的態勢。而制度在面臨關鍵時刻,不論是受到內生的或外生的環境因素衝擊之際,行為者獲得機會條件,用以轉換路徑,改變制度的運作。

　　對於國際社會化的分析途徑而言，行為者如何接受制度規範的過程，亦即，內化規範到國家內部的運作，是研究的核心。對於既存的制度與規範，霸權國與強權國透過次級國家的決策菁英來傳遞相理念，使其接受制度與規範的運作，使得參與者增加，而降低運作成本，強化報酬遞增的效果。再者，行為者的學習過程，使得知識與創新技術的傳遞，產生影響力，而行為者認知與建構的共同利益，更驅使參與者增加的動機。

　　準此，兩套分析途徑形塑出相同的發展模式，制度與政策的建構與延續，是研究的重心，茲分析如下：

（一）根據 Banchoff 的三階段途徑可知，政策的產出會受到利益與價值的驅使，形塑出政策發展的軌跡，制度也是循著相同的發展軌跡而建構。其中，憲章架構、遺緒、行為者的群集效應以及利益平衡與議題背後所延續的政治遺緒，都是產生後續政策與制度結果的因果序列。而在國際社會化的歷程中，霸權國與強權國所帶動的群集效應（同儕壓力）、制度所誘發的共同利益，以及國際政治發展的遺緒，都成為行為者的參與動機，並鑲嵌在時間序列的軌跡中。

（二）此外，制度與政策之所以朝往某一路徑發展，原因之一在於該路徑相較其他發展路徑而言，其報酬（獲利）是較高且漸增的，再者，轉換路徑的成本太高，所以，路徑被「鎖定」。而在國際社會化的歷程，不參與當前的制度或規範，抑或成為某一國際組織的會員，將無法或得「身份」（除了成為會員外，還有其他行為者的認同）以及相關的獲利，亦即，並無其他的路徑讓行為者選擇（除了不參與），且路徑發展的報酬亦是遞增（能

獲得身份認同以及制度所創造的共同利益），所以，路徑也是被「鎖定」。

(三) 再者，歷史制度論所強調的自我增強序列，不論是透過社會網絡經濟規模的擴張，使得參與者增加而擴大效用（效用論），抑或行為者基於利益的驅使，涉入制度的運作（利益導向），或是制度間的互補性（功能系體論），以及行為者內化制度的規範（社會學制度論），皆透過「再製」既存的制度產生正向回饋。國際社會化所謂規範內化的過程，亦是行為者「再製」制度的過程，不論是強權國家透過經濟、軍事或政治層次的驅動，或是同儕行為者間的壓力，還是共同利益的誘發，皆強化行為者參與制度運作或制定政策的路徑。

(四) 至於關鍵轉捩點（關鍵時刻），無論是歷史制度論與國際社會化的分析而言，都是制度變遷的臨界點，亦即，在環境架構的制約下，內生與外生因素形塑制度變革的動因。

根據以上的論述，作者再以「歐洲經濟貨幣政策」（EMU）的歷程進行分析。由表 2-1 可知，從 1948 年歐洲經濟合作組織設立開始，歐洲（西歐國家）的發展就「鎖定」在經濟領域，雖然，在「歐洲聯盟條約」的簽署過程中，英國與丹麥反對，形成歐盟制度的「關鍵轉捩點」，繼而造成制度變遷，亦即，其他會員國給予這兩國「退出權」（opt-out），卻仍是讓政策的路徑鎖定朝向單一貨幣的目標發展。對於 EMU 的發展歷程而論，早在 1828 年，普魯士建立的關稅同盟、巴伐利亞邦的關稅同盟、中德的消費聯盟、德意志關稅同盟、北德稅務聯盟立，成為影響經濟發展的歷史事件，亦

讓經濟議題的整合制約歐洲的發展態勢,而會員國在報酬遞增的獲益下,以及同儕國家間的群集效果,甚至在強權國家的主導與國際組織的催化,使得會員國在歷史序列下,建構制度的運作,這與歷史制度論與國際社會化的歷程鑲崁。

二、相異點

不過,兩種分析途徑仍有相異之處,在路徑依循的論點中,強調過往的偶發事件會制約路徑的發展,如圖 2-5 所示,A、B、C…是在初期的階段(Time1)的政策或制度方案,而在關鍵轉捩點(Time2)時,B 方案成為路徑發展的依據,而且屬於偶發事件,此後,藉由自我增強序列與報酬遞增的效果,使得 B 方案憑藉最初的優勢,以及後續的正向回饋,穩定的「再製」,形塑路徑穩定(制度延續)的發展(Time4)。倘若發生「關鍵轉捩點」(Time4),則回到制度變遷的抉擇情境,形成路徑轉換,重啟路徑依循的模式。

對於國際社會化的歷程而言,B 方案是既定的制度或政策,這是與歷史制度論最大的差異,亦即,在時間序列中,該方案既為初始階段亦為關鍵轉捩點,後續的路徑發展則與路徑依循重合。不過,在面臨關鍵轉捩點之際,H 方案取代其他方案,原因是來自於霸權或強權國的主導所致。

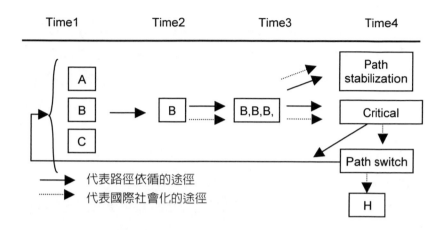

圖 2-5 路徑依循與國際社會化的途徑

資料來源：作者自製

貳、國際社會化與區域整合理論

　　根據學者對於國際社會化的定義而論，引導國家朝向國際社會所建立的信念與規範的內化過程，誘導相關國家採行國際社會所偏好的規範藉以改變其行為的機制，並使其涉入國際體系的範疇之中，此即為概念的論點。以歐盟為例，EMU 即為國際社會化論述下的政策產出，會員國加入共同市場的運作以及單一貨幣的使用，都必須完成相關的法制內化與政策的配套，這也涉及到國家學習的歷程、歐盟政策法制化的過程、國際組織的作用以及共同利益的認知等。

　　就區域整合理論而論，不論是功能主義認為透過國際功能性制度的工作網絡「分枝」其合作部門的擴散，或是新功能主義所強調

的外溢效果，抑或政府間主義所描述的談判過程，還是關稅同盟理論所論及的關稅同等化所降低的交易成本，或者最適貨幣區域理論希冀創造的貨幣同盟等，都是有助於區域成員間共同利益的提升，這其中亦涉及國家間的學習過程、法制的內化、國際組織的作用等。即使新區域主義論者依據「區域聚合力」所定義的區域性分類，仍是強調區域內的經濟互賴、交流、文化同質性、內聚力等的程度而論，這也與國際社會化的定義相符。

　　準此，根據分析國際社會化的指標而論，區域整合的過程亦與社會化的過程交疊，亦即，在區域內的制度建立或政策制訂層面，國家學習、法制化的過程、國際組織的影響以及共同利益的認知，都是區域內成員國所關注的焦點，也是其行為的指標，進而形塑區域整合的成效。

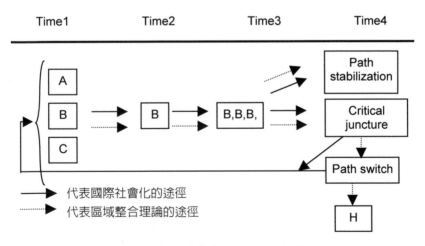

圖 2-6　國際社會化與區域整合理論的途徑

資料來源：作者自製

根據圖 2-6 所示，A、B、C…為初期的階段（Time1）的政策方案或制度選項，在關鍵轉捩點（Time2）時，B 方案成為路徑發展的依據，屬於既定發展的路徑。B 方案藉由會員國間的學習、共同利益的認知、功能性部門合作的擴溢等，形塑路徑穩定（制度延續）的發展（Time4）。倘若發生「關鍵轉捩點」（Time4），則回到制度變遷的抉擇情境，形成路徑轉換，重啟路徑選擇的模式。

對於國際社會化與區域整合理論的歷程而言，B 方案是既定的制度或政策，亦即，在時間序列中，該方案既為初始階段亦為關鍵轉捩點。不過，區域整合理論在面臨關鍵轉捩點的推論在於，若由 H 方案取代其他方案，其原因是制度運作的結果所致。

參、區域整合理論與歷史制度論

根據歷史制度論的分析指標，不論是路徑依循所強調利益與價值導向而建立政策結果的解釋，或是描述憲政、政策與政治遺緒，抑或結合行為者群集、平衡利益與因果路徑藉以闡釋政策的結果，還是報酬遞增論述的朝向某一政策發展的利益是漸增的，轉換其他路徑發展的成本卻是相對過高，因而鎖定發展的路徑，或是面臨關鍵轉捩點之際，使得制度陷入危機，進而提供行動者機會，在某一特定時間點形成制度改變的需求，都與歐洲區域整合所探討的時機與效果相符。

以歐洲經濟整合的歷程而論，在面臨 1954 年法國國會拒絕批准歐洲防禦共同體條約，歐洲的整合發展即開啟由政治層面轉向經

濟領域發展的路徑。當經濟整合啟動之後,包括關稅同盟、共同市場直到單一貨幣的建立,此一發展路徑皆因制度與政策所帶動的共同利益,更藉由相關政策與制度的推動遞增報酬,更加確立經濟整合的路徑,亦朝著政治整合的路徑前行。歐洲憲法的推動,則是區域整合論者所設定的最終目標,不過,當歐憲在會員國家間未獲全數通過之際,不僅使得政治整合的目標受阻,更可能衝擊既有的歐洲整合效益,進而造成歐洲發展的停滯,面臨此一關鍵時刻,歐盟會員國再次透過決策制度的運作與共識的凝聚,簽署里斯本條約來修訂歐憲所設定的機制,並重訂整合的路徑。

　　此即展現出歐盟會員國在面臨關鍵時刻,藉由功能性的分枝或是擴溢,調整發展路徑,抑或在既定的政策脈絡下(例如 EMU 政策),重新修訂政策的中、長程目標,藉以符合當下情勢轉變,其目的在於轉向斷續均衡式的發展。

　　藉由上述的分析,若將歐盟政經發展的政策產出置於此一分析模式中討論,並以歷史的脈絡、區域整合的歷程,以及社會互動與學習的過程,藉以闡述歐盟政策制訂的路徑。準此,必須再從歐盟的決策制度進行分析,藉以理清政策制訂所鑲嵌的理論與政策產出。

第三章　歐盟決策機制分析

　　歐盟的政策制訂過程，對於歐洲的發展有著深遠的影響，從50 年代的「歐洲經濟共同體條約」起，以及「合併條約」（將三個共同體的執委會與部長理事會合併）、各會員批准的「單一歐洲法」、「馬斯垂克條約」與「阿姆斯特丹條約」等，都有針對歐盟的立法過程與政策制訂明文列舉出相關機制以及各自所屬的權限，亦即，透過立法程序的建立與修訂，不僅顯現決策機制的權限演進以及代表各會員國立場與歐盟整體利益的決策互動，更能從政策制訂與立法過程中分析出整合理論的脈絡。

　　歐盟的整個組織包括了歐洲高峰會議（The European Council）、部長理事會（The Council of Ministers,或稱歐盟理事會）、執行委員會（The Commission）、歐洲議會（The European Parliament）、歐洲法院（The European Count）及歐洲中央銀行（European Central Bank），另外還包括一些輔助性質的機構例如歐洲審計院、歐洲投資銀行、經濟暨社會委員會等，擔任重要的諮詢及預算審查和執行的功能。對於整體政策制訂與立法，尤以歐洲高峰會議、歐盟理事會、執行委員會、歐洲議會所具有的權限，以及條約所賦予的權力，具有決定性的影響。在歐盟決策制定的機制之中，其重要的程序即

「共同合作程序」（Co-operation Procedure）與共同決定程序（Co-decision Procedure），以下則從決策程序所涉及的機制，作一分析與說明，藉以理解歐盟的決策過程。

第一節　歐洲高峰會議（The European Council）

壹、歐洲高峰會議的角色

從 1974 年「歐洲高峰會議」成立開始，就凸顯出其角色與地位之特殊性，因為這個制度化的高峰會議，在歐洲整合運動歷程中，扮演著「領袖」的角色，經常會藉此展現出最高的政治權力，表現出重要的政治責任與擔當。當然，在歐盟政策產生的機制中，「歐洲高峰會議」扮演著決定決策方向的角色，對於執委會、部長理事會以及歐洲會議無法達成協議的事項，有著裁決者的角色。從權力的面向分析，「歐洲高峰會議」其實就是決策的重心，對於爭議性的問題，能在各國領袖們的共識之下，迅速的做出決議與解決的辦法。

貳、歐洲高峰會的權限

　　雖然，「歐洲高峰會議」不做出具有法律形式及意義的決策，但是，在實際上的重要性卻不亞於任何一個機制，對於整體的發展方向，有著決定性的影響。其關注的層面包括：[1]

一、歐盟整體的發展

　　這個被學者稱為「歐洲共同體的守門員」（gatekeeper of the European Community）的機制，在「單一歐洲法」中被納入共同體的正式體制。[2]「歐洲高峰會議」在其所關心的主題與領域，以及歐盟本身的發展，都具有相當的影響力，尤其是在憲章與制度上的改革、歐洲貨幣聯盟和擴大成員的議題上，透過各會員國元首之間的集會，對於影響歐盟未來整體發展的方案，各自表達符合自的身利益與考量的立場，進而協調出最終可行的觀點，成為歐盟整體發展的考量與依據。

---

[1]　Neil Nugent, *The Government and Politics of the European Union* (London: the Macmillan Press, 1995), pp.166-171; C. Hill, *The Actor in European Political Cooperation* (London: Routledge, 1996) , pp.109-125.

[2]　張亞中，《歐洲統合：政府間主義與超國家主的互動》，台北：揚智出版社，1998，頁 120。

二、憲章與制度上的問題

對於歐洲聯盟在憲章與制度上的問題，「歐洲高峰會議」主要表現出三種功能：

第一，高峰會議對於新加盟國的審議，使其符合所有會員國的決議。例如，在處理其他國家加盟歐洲聯盟的申請過程中，在 1991 年馬斯垂克高峰會議中，達成決議，要求執行委員會對申請國提出相關的報告，並於 1992 年里斯本高峰會議（Lisbon summit）與愛丁堡高峰會議（Edinburgh summit）中，[3] 各會員國對於報告的內容與相關條件，進行開放式的協商與討論，以便做出決議。

第二，高峰會議認為，必須對於德國統一之後，歐洲議會的席次是否該予以增加的問題，在歐洲議會的制度層面上，討論並協商出可行的方案，以強化歐盟整體決策機制，使其具有更為完善的程序。

第三，「歐洲高峰會議」制定出重要的決議，以便更符合憲政制度的歐洲整合。然而，促成歐體走向更具整合內涵的歐洲聯盟條約──馬斯垂克條約的制定，便是基於此一理由而產生。

---

[3] Trevor Salmon and Sir Willaim Nicoll, *Building European Union — A documentary history and analysis* (London: Manchester University Press, 1997), p.238 , p.249 , p.250.

三、歐盟在經濟層面上的問題

「歐洲高峰會議」通常會對歐盟內部的經濟與社會情勢做出檢視，而且在經濟成長、貿易型態、通貨膨脹、匯率和失業率等特殊的問題上，也必須予以制定出符合整體發展的政策。

四、對外關係

在歐盟對外關係的層級上，「歐洲高峰會議」包括三種主要的方式：

第一、許多經濟的議題，並非只是單純的歐盟內部問題。許多經濟方面的議題，是牽涉到全球的層面，「歐洲高峰會議」必須對於此類議題加以重視，以便使得歐盟在國際談判的地位上，更加的彰顯，同時，對於經濟強權國（尤其是美國與日本），給予一定程度的壓力。

第二，「歐洲高峰會議」對於重要的國際政治情勢，宣示歐盟國家的立場。此外，對於南非、中東地區，東——西方國家的關係，以及南斯拉夫的內戰等等國際的情勢變動，「歐洲高峰會議」都會宣示出歐盟的基本立場與態度，例如 1991 年的高會議上，選出五大地區為歐盟採取「聯合行動」的優先對象，依序為東歐、獨立國協、巴爾幹、北非與中東。[4]

---

[4]　藍玉春，〈歐盟高峰會〉，收錄於黃偉峰主編，《歐洲聯盟的組織與設計》，台北：五南書局，2003，頁 122。

第三，當蘇聯集團解體之際，「歐洲高峰會議」扮演著制定歐盟與東歐和中歐國家進行交往的宏觀政策之規劃的重要角色。

五、特殊的內部政策議題

在歐盟本身運作的機制上，有些敏感的議題，需經由具有權威的國家領袖來加以解決。例如，在預算方面的審查以及對於執委會、部長理事會以及歐洲議會的運作上，「歐洲高峰會議」都被賦予特殊的使命來處理並協調此類事務。

根據以上各點的敘述可知，「歐洲高峰會議」所具有的權力與扮演的角色是相當全面性的。在歐盟整體運作上以及政策形成的前置期，都必須藉由各會員國的國家領袖們，針對相關議題，進行討論、協商，研擬出符合整體利益的決策方向，再交由其他機制予以制定。藉由兩個主要會期的會議，可讓各會員國領袖瞭解彼此國情、協商共同的利益與行動，用以強化具有多國性質的歐體中，在本質上所欠缺的民族國家的凝聚力與向心力，也促使各國政府在不同層面上的磋商與協調。就歐盟本身的發展來看，藉由各會員國的領袖，來處理核心的議題，協調出一致的共識，遠比交由其他機制，經由制度上的架構來研擬，更具效率與影響力，經由此一決策機構的作業，更確立了各國在決策過程中的參與和平等性，各會員國各自的立場與態度，都能在會議中予以表述，並獲得尊重，達成強化各國對於「整合」的信任。為了維持「歐洲高峰會議」之決策彈性及避免影響其他決策機關的權限，「歐洲高峰會議」所形成的共識與決議，再交由部長理事會與執委會依照歐盟決策機制所賦予的權

限進行或制定法律規章。所以，「歐洲高峰會議」的決議並不具有法律的拘束力。[5]

參、從條約分析「歐洲高峰會議」的權限演進

自從「歐洲高峰會議」被納入歐盟憲章的規範以來，對於歐盟整體的決策及政策的方向，都有著決定性的影響與衝擊。從 1986 年「歐洲單一法」形成起，到 1992 年「馬斯垂克條約」的簽署，以至於 1997 年「阿姆斯特丹條約」的建立，對於「歐洲高峰會議」的權限，透過條約的規定與規範，更加確立了其在歐盟決策機制之中的主導地位，也為歐盟的整合，奠定了良好的基礎。

根據 1986 年「歐洲單一法」第二條規定，「歐洲高峰會議由各會員國領袖或各會員國政府首長以及歐洲共同體執行委員會主席所組成，並由各會員國外交部長及執行委員之一位成員陪同出席，而且每年至少集會兩次。」[6]然而，在條約之中可以看出，對於歐洲高峰會議的權限與並未明確的確立，只是藉由會議的召開，增進會員國的互動。不過，「歐洲高峰會議」是獨立於共同體的組織架構之外，根據「歐洲單一法」，有關政治合作條款的規定指出（第

---

[5]　Thody Philip, *An Historical Introduction to The European Union* (Great Britian： Clays Ltd, 1997)，p.41；Kirchner Emil Joseph，*Decision Making in European Community-the Council Presidency and European Integration* (U.K.: Manchester University Press, 1992)，p.51；王泰銓，《歐洲共同體法總論》，台北：三民書局出版社，1997，頁 96。

[6]　王泰銓，前揭書，頁 517；T. C. Hartley，　*The Foundation of European Community Law* (New York: Oxford University Press, 1988), pp.203-211.

三篇第三十條），部長理事會、執委會、歐洲議會仍能依照其本身的權限運作，對於三個部門經由共同合作程序所達成的共識，須與「歐洲高峰會議」的決議形成一致的決策。只不過「歐洲高峰會議」所確立的原則與決議，其他決策機構並不一定會照單全收，仍須透過相互之間的協調，達成共識與一致的態度。

根據歐洲聯盟條約（即馬斯垂克條約）第一篇第 D 條明文規定「歐洲高峰會議提供聯盟發展所需之動力，並為其訂定一般性的政治行動綱領」，[7]其參與的人員與召開的次數皆與「歐洲單一法」的規定一致。只不過，「必須向歐洲議會提交每次開會後的報告，以及有關聯盟進展情況之年度書面報告」，[8]顯見其權限有進一步的開展。「歐洲高峰會議」提供歐盟發展所需的共識與動力，並為其訂定一般性的行動綱領，即對於歐盟整體決策的形成上，提出具有宏觀角度的建議，並為歐盟未來的制度發展與機制間的互動，發揮推波助瀾的效用。

1997 年 6 月所簽訂的「阿姆斯特丹條約」，對於「歐洲高峰會議」的規定增加了許多明確的權限，包括：

第 J.3 條規定：

1. 「歐洲高峰會議」應該對於共同外交與安全政策，制定出一般性的方針，包括與防禦事務相關的議題，制定出基本的方向與政策。

2. 「歐洲高峰會議」需對於歐盟的共同策略予以抉擇，而且必須考量各會員國的重要利益。

7　王泰銓，前揭書，頁 580。
8　王泰銓，前揭書，頁 580。

　　在 2007 年里斯本條約中，將歐洲高峰會議的主席，由原來的各國領袖輪值的方式，改為經由選舉產生、任期 2 年半的全職制度，這將給予主席擁有較大的運作空間，當然，仍須視主席人選的能力與該國影響力而論。

　　準此，「歐洲高峰會議」的權限經由歐洲單一法、歐洲聯盟條約、阿姆斯特丹條約以至里斯本條約中的規定，逐漸加增其責任，這也與其成員的特殊性有關（皆為各國的元首），藉由各會員國元首間的交流，更可以促進政策面的協調。「歐洲高峰會議」的責任在於促進各會員國的溝通，協調各會員國的相異立場，根據國際現勢的發展情勢，確立出明確的態勢，交由執委會訂定出具體的政策，根據共同合作程序的決策程序，制定出歐盟最後的政策。誠如學者韋索斯（W. Wessels）所言：「歐體（歐盟的前身）高峰會乃為影響共同體與西歐整合政策最深遠的建制」。[9]

第二節　執委會（The Commission）

壹、執委會的角色

　　執行委員會（以下稱執委會）在歐洲聯盟的政策制定層面上可說是促進政策制定的「推進器」，歐洲經濟共同體、歐洲原子能共

---

[9]　Wolfgang Wessels, *The European Council: A Denaturing of the Community or Indispensable Decision-Making Body?* (London：Manchester University Press, 1987), p.7.

同體與歐洲煤鋼共同體都賦予執委會政策提案權。不論從其成員或是權限而言，最能明確地展現出歐盟整體利益的機構，更是歐盟體系的運作中心。以下就其組織發展情勢、權限的演變，以及在歐盟決策機制中所扮演的角色，予以剖析，希冀對於歐盟政策決策的運作過程，能有更深一層的認識。

貳、執委會的權限

從歐洲經濟共同體條約（EEC 條約）中可知執委會被賦予的責任以及所具有的權限。，包括：

一、政策建立及立法制定的建議者與發展者

根據 EEC 條約第 155 條規定，「當執委會認為需要或情勢明顯地需要執委會提供意見時，執委會必須依事實的情況，對於所應處理的事件，提出建議或提交意見，以供決議之考量。」[10]另外，EEC 條約第 189 條規定，「為了達成共同體之使命，執委會與理事會制定規則、指令、決定、建議及意見。此外，執委會亦可單獨制定各項規定，比方像農產品之進口平衡稅以及執委會本身的程序等法律。」[11]當然，在政策的形成與立法制定的過程之中，執委會的角

---

[10] 王泰銓，前揭書，頁 209。

[11] 王泰銓，前揭書，頁 208。Thody Philip, *An Historical Introduction To The European Union* (Great Britian: Clays Ltd, 1997), pp.24-29; Henig Stanley, *The*

色功能似乎僅在建議諮詢與提供意見之上，不過，在一些影響歐盟發展前景的重大議題上，執委會的建議仍具有相當程度的影響力。例如，在 EMU 的制度（Economic and Monetary Union）上，在行塑 EMU 的政策議題層面，就不難看出執委會的偏好取向（依據執委會戴洛報告書《Delors Report》中所揭櫫的原則）。

然而，面對不同領域及層面的議題，以及龐大且繁重的壓力下，單以執委會的委員編制，是難以對所有問題都能考慮周詳，所以，可供諮詢的幕僚機構自然是不可缺少的一環。其中包括了由官員及專家們所組成的專家委員會（The Expert Committees）以及由各個利益團體的代表所組成的諮議委員會（The Consultative Committees），提供並協助執委會對於政策及立法相關的事項，做出具有周延性的建議。

二、執行的功能

執委會具有政策或立法執行的責任，根據 EEC 條約第 155 條規定，「執委會確保條約規定及各機構所訂定措施之執行，且依理事會之授權實施理事會制定的各項規則。」[12]對於歐盟的政策，執委會具有處理、監督、實行的責任與義務，主要包括了三個執行面向：

Uniting of Europe From discord to concord (Great Britian: Clays Ltd, 1997), pp.35-37.

[12] 王泰銓，前揭書，頁 631-632。

（一）制定規則的權力

　　對於歐盟整體立法或是條約的規定中，在政策與立法的規定與執行之間的灰色地帶或是針對政策的規定，需制定出更細的法規條文，歐洲議會可讓渡某些權力給予執委會，交由其自由裁量。

（二）處理歐盟的支出

　　歐盟在收支的管轄都隸屬於執委會的管轄範圍，其主要的任務包括了：

　　1. 審核各項收入比例的正確性；
　　2. 針對各會員國支付給歐盟的各項款項，予以詳細的審核，其中包括對於依條約所規定之會員國課以罰金，如此擴大了執委會的監督權。

（三）監督政策的執行

　　執委會扮演著監督與督導歐盟政策的角色。它直接從事歐盟政策的執行，包括了會員國所賦予其在日常性、例行性的歐盟政策執行。當然，執委會本身所有的諮詢委員、管理委員會協助執委會執行政策的監督。

三、仲裁者與調停者

　　對於歐盟的決策，尤其是各機制之間在達成利益的競爭上，執委會試圖尋求基本立場的妥協，並對於不同領域的條約執行或協定

的執行，扮演者各機制之間的調停者與仲裁者的角色，以避免決策及執行機制之間對於條約與協定在適用性上所形成的衝突，增進各機制之間的良性互動，深化歐盟的整合基礎。

四、對外的代表與協商者

基本上，在歐盟對外的關係上，執委會扮演著與其他國家甚或地區的協商者與代表歐盟行為的主要機構，其主要的職責及角色包括了，決定與確定歐盟的外貿關係、代表歐盟處理對外協定的重要談判者；代表歐盟出席及參與重要的國際組織和會議，例如聯合國、GATT、經濟發展組織等。在共同外交與安全政策領域之中，執委會在歐盟條約的架構之下，需完全的實現相關的職責與任務。

由上之論述可知，在歐盟決策的制定面來看，執委會擁有提案權，是依據歐洲高峰會議所形成的共識作為指導方針，亦或執委會本身依據實際情勢研擬出政策的輪廓，交由歐盟理事會予以決議。所以，在本書後續章節中所提之共同合作程序之決策過程，執委會將政策予以具體化，並擁有相當大的自主空間，再將所制定出的具體策略，交由歐盟理事會與歐洲議會進行決議（若執委會所制定出的策略使得歐盟理事會與歐洲議會有異議時，將依據共同合作機制的程序，進行協議與修訂），最後，形成歐盟整體的政策。

參、從條約分析「執行委員會」的權限演進

隨著時代的與情勢的變遷，歐盟各決策機制的職權已產生變革，這可以影響歐盟發展的重要條約內容中分析，以下便基於此一脈絡分析執委會的權限演進。

根據歐洲單一法的規定，執委會的權限包括了以下幾項：

一、執行權

執委會為了保障各項條約規定及各機構所訂定的措施之執行，依據理事會之授權實施其所制定之各項規則。[13]而且，僅限於執委會才有這項權力。但是，歐洲單一法第 101 條的規定，卻對於理事會授權執委會執行法規之範圍加以擴大，增加理事會在執行決策的權限。換言之，執委會不僅在於法規的執行的權力上受到削減，相對於政策的執行，亦喪失了部份的權限。

二、提案權

執委會在高峰會議針對國際重大情勢變動或是緊急事件，作出指示性的方針後，為了達成共同體之整體目標與利益，提出政策方

---

[13] 根據 EEC 條約第 155 條之規定。Elles Neil, *Community Law Through The Cases* (London: Steven & Sons, 1973), pp.19-71.

案。換言之，執委會享有唯一的提案權力，然而，在特定的領域內，執委會若未行使其權力，理事會或歐洲議會還得依條約之規定，促請提案之。[14]

三、監督權

對於會員國未能履行義務，執委會在要求該國提出說明及看法後，應就其所提出的看法做出說明。也就是說，執委會擁有監督各會員國是否遵守條約及政策的權力，並在給予會員國說明的機會後，予以裁量。當然，這也使得歐盟的整合過程中，擁有監督政策執行成效與否的機制。

在馬斯垂克條約之中，不難看出執委會的權限較歐洲單一法時期要來的明確，包括：

（一）提案權

提案為執委會最主要的任務，舉凡從各會員國間的適用法規與實質政策，到整體的對外決策，執委會都擁有最主要的提案權。當然，除了在歐洲單一法中所被賦予的權限之外，在馬茲垂克條約中，對於其所提案的範圍，就有相當的擴張。所以，執委會所擁有的提案權，使其居於政策發展的關鍵地位。但是，根據第 138b 條的規定：歐洲議會在其多數成員的通過之下，可要求執委會提出適當之提案。由此可知，歐洲議會已被賦予要求執委會提出議案之權

---

[14] 根據 SEA 第 7 條第 1 項的規定，部長理事會對於執委會之提議有修正時，須以一致決之方式為該提案之修正。

利，也代表其對執委會提案內容的控制力更為加大，這也使得歐洲議會對於政策的主導權又加深了一層。

（二）立法權

執委會在歐洲煤鋼共同體條約規定中，為主要的立法機關，但在馬茲垂克條約中，理事會才是主要的立法機關。雖然如此，理事會仍會授權執委會制定相關的法律規定。

（三）對外關係

執委會有權參與國際組織的會議且與第三國對於條約的締結進行談判，根據第 229 條的規定，執委會代表歐體參與重要的國際組織，例如聯合國、GATT 等。

（四）監督

執委會對於會員國享有監督的權限，對於會員國不遵照歐體條約行事的事實，予以瞭解後做出裁示，並基於為來整合前景的考量，予以課處罰金。

（五）共同外交與安全政策

根據第 J.8 條第 3 項的規定，「各會員國或執委會得向歐盟理事會提出任何有關共同外交與安全政策之問題，並得向歐盟理事會提交提案」。在共同外交與安全政策的領域中，執委會對於整體的對外政策，擁有決策的提案權限，將歐盟整體的共同外交與安全政策予以具體化。

　　在阿姆斯特丹條約中，對於執委會的權限並沒有太大的變革，對於其任務，更加以明確化。根據第 K.8 條第 1 項的規定，[15]執委會的任務包括了：對於歐洲高峰會議的態度與要求或是其所擁有的動機，提出看法，並在相關的領域中，完全的與其任務結合。由此可知，阿姆斯特丹條約中對於執委會的權限與角色的定位，並無太多的修訂。所以，對於歐盟整體的決策方向，執委會雖然必須參酌歐洲高峰會議的決議。但是，對於其決策方向若覺得有不妥之處，或是不符合整體實際利益時，執委會仍可藉由專家與諮議委員會的審慎評估後，做出適切的修正，以符合其他審議或決議機制的要求。

　　為因應東擴後的發展，在尼斯條約中調整執委會的規模，亦即，從 2005 年起，該機構的成員由每個會員國選舉 1 名組成，使得原本擁有 2 名成員的英國、德國、法國、義大利與西班牙，放棄其第 2 名的名額（總計 27 名）。此外，執委會主席的提名權歸為歐洲高會會議，且需同時獲得歐盟理事會加權多數決的同意才得以通過。而在 2007 年簽署的里斯本條約，對於執委會組織的修訂則為：將國 1 名代表改為總計 18 名的精簡，這對於主導提案權的執委會而言，能否維持其以歐盟整體發展為政策提案基礎，仍有待觀察。

---

[15] http://ue.eu.int/Amsterdam/en/amsteroc/en/treaty/Partone/amst05.html。

第三節　歐盟理事會（The Council of Ministers）

壹、歐盟理事會的角色

在「歐洲煤鋼共同體」與「歐洲經濟共同體」的條約中所建立的「部長理事會」，根據馬斯垂克條約第 4 條的規定，「部長理事會」應改稱為「聯盟理事會」（The Council of Union）。[16]歐盟理事會是各國政府間最重要的會議場所，也是歐盟主要的政策制定機構，當歐盟仍在發展的初期階段，在共同政策的運作和會員國之間彼此的信心建立，歐盟理事會在條約的架構之下，除了逐漸擴展其權力與影響力，也更確立各會員國政府間對於歐盟各層面的影響力。

歐盟理事會是由會員國政府各派一名代表所組成的立法與決策機構，在單一歐洲法中規定，對於單一市場的重大議題而言，採取多數決的形式，並創設「共同合作程序」分割歐盟理事會的立法權。[17]此外，理事會的各項職權來自於組織章程之規定，並根據法定的程序予以運作，而其各項決策與立法上的權限，均以執委會的提案為基礎。一方面，對於執委會之提案予以審議不當之處，並要求將之修訂；另一方面，又必須依提案之實質內容與範圍與歐洲議會進行協商。由此觀之，理事會的決策權雖帶有政府間協議的脈

---

[16] 請參閱 Fiona Hayes-Renshaw and Helen Wallace, *The Council of Ministers* (London: Macmillan, 1997), pp.72-83.

[17] 蘇宏達，〈歐盟理事會〉，收錄於黃偉峰主編，《歐洲聯盟的組織與設計》，台北：五南書局，2003，頁 157。

絡，但是此一現象至少在表面上是不明確的。[18]再則，理事會的成員身份均為各國政府的代表，他們在理事會的一切行事，無疑要受到各自政府的意志所左右，這也是理事會在本質上不同於其他機構的根本區別。

所以，理事會行使雙重的權限，一方面需反應和維持各會員國本身的立場，另一方面，又必須考量歐盟整體的利益。當兩造利益發生衝突之際，理事會就處於兩難的窘境。然而，能否適切的解決矛盾的態勢，主要是取決於特定時期的政治情勢與會員國間具體的合作關係上。於是，在歐盟發展的歷程中，對於涉及某一會員國重大利益的決策，或是歐盟整體利益，以及程序上的意向，在理事會決策的過程中，出現了全體一致決（Unanimity）、加權（法定）多數決（Qualified majority）、相對多數決（Simple majority）[19]的表決規則，以強化實質的政策決議，同時兼顧歐盟整體與各會員國的立場與利益。

在歐盟的決策機制中，理事會是各會員國政府維持自身利益的橋頭堡，所以，執委會根據歐洲高峰會議的共識方針，制定出具體的政策。事實上，只是將歐盟共同的利益予以具體化，然而，理事會的職責，除了是將具體化的政策予以審核外，更對於其中涉及到各國利益與基本立場的實質內涵，進行協調與溝通，必要時，藉由

---

[18] Thody Philip, *An Historical Introduction To The European Union* (Great Britian: Clays Ltd, 1997)，pp.29-32; Henig Stanley, *The Uniting of Europe From discord to concord* (Great Britian: Clays Ltd, 1997)，pp.39-41; 曾令良，《歐洲聯盟與現代國際法》，台北：志一出版社，1994，頁114。

[19] Neil Nugent, *op. cit.*, 1995, pp.142-144; 張顯耀，《歐洲聯盟──發展「共同外交暨安全政策」之研究》，台北：幼獅出版社，1995，頁160-162。

表決規則,聯合利益相同國家進行修正,並在維護歐盟整體利益與共同合作的發展之下,進行配套。

貳、歐盟理事會的權限

從歐盟理事會的組織分析,對於歐盟整體政策的形成,理事會的角色代表著各會員國對於整體利益與本身立場間的協調,其權限包括:

一、提案權[20]

根據馬斯垂克條約第 155 條規定,在特定的領域內,若執委會為依其職權提出法案或政策,而理事會認為其對於達成歐盟共同目標有必要時,理事會得要求執委會進行調查,並依事實之需要而提出議案。

二、立法權

立法工作是歐盟理事會主要的職權,不過,歐盟大部分的立法均由執委會提案,由理事會履行其立法的任務,以兼顧會員國政策的協調與平衡發展。此外,在馬斯垂克條約第 189b 條的共同決定程序(Co-operation procedure)與第 189c 條共同決定程序(Co-decision procedure)中,由理事會與歐洲議會共同分享決策權,及

---

[20] Neil Nugent, *op. cit.*, 1995, pp.134-135; Richardson Jeremy, *European Union Power and Policy-making* (Great Britain: Redwood Books, 1996) , pp.166-181.

對於執委會提出的議案，由理事會與歐洲議會做出共同立場，形成
歐盟的政策。

三、對外關係

根據馬斯垂克條約第 228 條第 1 款與第 238 條規定可看出，[21]
歐盟一切對外事務的最終決定權，均由理事會來行使。理事會行使
國際協定的締結權、關於與第三國建立協定事宜，理事會的權力表
現在以下幾個環節。第一，歐盟是否與第三國建立協定，理事會有
排他的決定權。第二，協定的談判方式與範圍，均由理事會全權決
定。當然，理事會可以授權執委會單獨進行雙邊或多邊協定的談
判。實際上，在對外關係的領域上，均由理事會代表歐盟的名義進
行各種國際協定的締結。

四、經濟暨貨幣政策領域內的職權

為避免歐盟會員國超額的赤字與督促會員國遵守其預算項
目。根據馬茲垂克條約第 104c 條第 11 項之規定，理事會決議要求
該相關會員國於發行債券及公債前，請求歐洲投資銀行重新考慮對

---

[21] 馬斯垂克條約第 228 條第 1 款規定，共同體與一個或一個以上之國家或國
　　際組織締結協議時，執委會應建議理事會，在交由理事會授權執委會展開
　　必要之談判；第 238 條規定，共同體得與一個或多個國家或國際組織簽訂
　　協議成立準會員。

該國的貸款政策，並要求該國繳交適當數目之無息保證金予歐盟，直至超額赤字改善為止，甚至對於該國課徵相當額度的罰鍰。[22]

　　直至 1997 年阿姆斯特丹條約，理事會的權限與任務，並無太大的變革，對於其所扮演的角色，更加明確。根據阿姆斯特丹條約的規定，「提高」理事會秘書長的政治角色，使其成為歐盟對外最高代表（High Representative），[23]此外，在第 14 條規定：

1. 「理事會」需採取「聯合行動」（Joint action），[24]而此聯合行動必須達到聯盟所處環境的需求，這個聯合行動必須明確的指出，歐盟各個機構所應執行的部份，當然，為了使歐盟機制能夠順利執行被賦予的責任，各國元首必須擬定可讓聯盟執行的方向，包括了行動的目標、範圍以及方式。

2. 當國際情勢有所變動之際，對於聯合行動產生了實質上的影響，理事會將對於聯合行動的目標與原則做出檢視，並採取因應變動的抉擇，若是理事會對於局勢的變

---

[22] 王泰銓，前揭書，1997，頁 594-595；陳麗娟著，《歐洲共同體法導論》，台北：五南圖書出版社，1996，頁 122-123。

[23] 藍玉春，〈解析歐盟阿姆斯特丹條約〉，《政治科學論叢》，第 15 期，2001，頁 19。

[24] 「聯合行動」即各會員國的元首召開高峰會議，對於國際現勢的發展、經貿政策的趨勢、社會福利議題、或是安全議題上，表述各自的意見與態度，並使得各會員國對於彼此不同的見解，予以協調，以達成一致性的共識，並採取共同的態度與行動，表現出歐盟整體的立場。

動並未做出因應的策略，聯合行動的執行將不受影響的繼續持續。

3. 理事會可以要求執委會將其對於有關共同外交與安全政策所建議的計畫，確認並監督其執行的成效。

第 15 條規定：

理事會將採取共同的態度來因應國際的變動。共同態度的定義乃是在歐盟對於一個地理上或是主題本質的特殊議題，會員國採取共同一致的態度，並確保其國家政策符合歐盟整體的共同態度。

第 16 條規定：

會員國應該在理事會中，報告並考量有關於外交與安全政策的一般利益，以確保歐盟的影響力，能夠在國際社會中，綻放光芒。

在尼斯條約中，主要是對於加權多數的表決方式進行東擴之後的調整，包括各會員國票數的調整以及人口數門檻的限制，亦即，除了投票通過的票數門檻（345 票需過 255 票）外，還需達到總人口數 62%的下限，以及反對案的形成需有 4 個會員國以上才能成立。此外，在該條約中擴大了歐盟理事會的加權多數決表決範圍，

包括：[25]在公民自由流動的便利措施、內政司法合作、服務貿易國際協定的簽署、智慧財產權的商業問題、產業政策、歐盟層級政治團體的地位、管轄歐洲議會議員履行職責的條例、與第三國的經濟、金融和科技合作等事項。

再者，在里斯本條約中，針對加權多數決表決機制的調整在於，在此表決範圍內通過的議案必須符合 55%以上的成員國（至少15 國），以及 65%以上歐盟人口數的雙重規範。

總之，理事會由於其本身組織的關係，成為各會員國最主要相互協商的機構，也是歐盟整合的發源處。當然，這也是一點一滴的累積經驗，才促使歐盟成為區域整合的典範。

參、決策方式

雖然在實際運作上，理事會通常尋求不同的方法以達成共識，但在歐盟條約中，針對事件性質的不同，規定理事會有不同的決議方式。依據歐盟條約的規定，理事會決議的方式可下三種形式：

一、全體一致決（Unanimity）

理事會的一致決主要是針對特別重要的事項或涉及重大的政治議題。在「一國一票，票票等值」的原則之下，由理事會出席表

---

[25] 張淑靜，《歐盟東擴後的經濟一體化》，北京：北京大學出版社，2006，頁46。

決之一致通過。[26]決議的範圍包括：執委會主席及委員之決定；歐盟法官之任命；對歐盟條約之增補與修改；新會員國之加入；與第三國或國際組織締結結盟協定等，都需要全體一致決的同意。不過，對於歐盟三大支柱（第一根支柱：共同體，第二根支柱：外交暨安全政策，第三根支柱：內政與司法領域）中的第一根支柱，即關於共同體的事務，仍是以一致決來決議。而第二、第三根支柱即外交暨安全政策、內政與司法領域的相關議題，是以加權多數決來決議，但是，重要的政策則仍維持一致決，其中，為避免某些會員國阻撓大多數成員國所欲採取的共同外交立場或行動，在阿姆斯特單條約中設計「建設性棄權票」（constructive abstention）條款，即當理事會採取一致決議時，棄權票不得阻礙決議成立、棄權國亦不得阻撓歐盟以此決議所採取的行動。[27]

二、加權（法定）多數決（Qualified majority）

此一決議方式的主要考量在於：不願採行傳統多國組織中，「一國一票」的制度，認為其對於整合計畫之制定行程阻礙，同時，又要維護小國的角色與利益不至於被大國所排擠，亦可避免小國聯合壟斷而阻礙歐盟的運作。所以，大體上依據經濟實力與人口比重為主要考量的加權制度，各會員國所分配到的票數如表 3-1。

---

[26] 根據 EEC 條約第 148 條第 3 項規定，棄權票不視同反對票，並不影響一致決的記票方式。

[27] 藍玉春，前揭書，2001，頁 20。

表 3-1　尼斯條約中歐盟理事會表決票數與歐洲議會議員數分配表

國家	歐盟理事會票數	歐洲議會議員數	國家	歐盟理事會票數	歐洲議會議員數	國家	歐盟理事會票數	歐洲議會議員數
德國	29	99	英國	29	72	法國	29	72
義大利	29	72	西班牙	27	50	荷蘭	13	25
希臘	12	22	比利時	12	22	葡萄牙	12	22
瑞典	10	18	奧地利	10	17	丹麥	7	13
芬蘭	7	13	愛爾蘭	7	12	盧森堡	4	6
波蘭	27	50	匈牙利	12	20	捷克	12	20
保加利亞	10	17	羅馬尼亞	14	33	斯洛伐克	7	13
拉脫維亞	4	8	斯洛凡尼亞	4	7	愛沙尼亞	4	6
塞普路斯	4	6	馬爾他	3	5	立陶宛	7	12
歐盟理事會加權票數總計 345 票，歐洲議會議員數為 732 名。								

資料來源：作者自製

　　在加權多數決的決議方式下，必須獲得 255 票且人口數必須佔 62%才算達成協議，而此一決議方式的適用範圍乃在於重要性的事

項（除了適用於全體一致決範圍之外的事項），加權多數決的程序，無形之中提升了執委會的角色，因為在決策程序之中，當執委會不同意的情形下，想要修改執委會的建議時，理事會必須以全體一致決來修改。[28]

三、簡單多數決（Simple majority）[29]

　　此一決議方式的適用範圍，大多在一些不受爭議、無政治性的程序性問題，例如理事會的內規等。表決時，每個會員國皆為一票，只要票數過半就可通過決議事項，而棄權票亦視為否決票。

　　由以上論述可知，理事會在歐盟決策機制中扮演著決定性的角色，也是各會員國表述各自立場，維護各自利益，協商整體決策的攻防機制。所以，藉由完善的制度運行，保障各國的權益及平等的要求各國讓渡各自的立場，這也是歐盟展現國家整合的模式與契機。當然，在共同合作程序中，理事會成為各國表達自身立場與協商共同政策的機制，與代表歐盟整體利益的執委會成為相對的機制，藉由彼此對於政策的協商，增進歐盟整合的進展。

---

[28] 王皓昱，《歐洲合眾國─歐洲政治統合理想實踐》，台北：揚智文化事業出版社，1997，頁 162。

[29] 王皓昱，前揭書，1997，頁 161。

第四節　歐洲議會（The European Parliament）

壹、歐洲議會的角色

　　設立歐洲議會的主要目的，基於歐盟不僅是各會員國所組成的共同體，同時也是歐洲人民的共同體。在歐洲煤鋼共同體時期，其名稱為「大會」（Assembly），直到單一歐洲法訂定後才得到認知。由於在經濟整合的歷程中，是不需要一個具有功能性的議會，所以，歐洲議會的功能直到經濟整合有了成效之後，才被彰顯，以便對於更進一步的整合目標──政治整合，能更趨於完備。當然，此一情勢不僅反應出歐盟整體利益（執委會的職責）與各會員國政府的利益（部長理事會的職責），更對於人民的意願，由歐洲議會的運作予以展現出來。

　　不過，不同於英美國家的議會，歐洲議會在歐盟的歷程中，即欠缺原有的與專屬的立法權，通常只有參與的諮詢權，因此，歐洲議會無法與一般國會的功能相提並論。直到共同合作程序的運作開始，經由此一程序，強化了歐洲議會在共同立法活動中的地位，但最後的決定權仍屬於部長理事會。而在「馬斯垂克條約」中，在共同外交暨安全政策的領域，對於歐洲議會的角色又再予以落實，根據第 J.7 條的規定，理事會主席與執委會應定期向歐洲議會報告共同外交暨安全政策的發展，議會亦可向理事會提出詢問或建議。

　　由於在歐盟發展的初期，歐洲議會的角色定位為「公眾荷包的管理者」，所以，並未賦予其具政治性的功能與角色，儘管如此，

歐洲議會自始就被認定為歐體全體民眾的代表，不受其政府和國內
議會的左右，當然，這也是人民對於歐盟共同政策反應其意見及看
法的機制，隨著整合歷程的演進，歐洲議會的角色與功能也越來越
被凸顯。

貳、歐洲議會的權限

一、提案權

　　根據初期的設計，歐洲議會在立法程序中是不具有提案的權
力，直到 1993 年馬斯垂克條約簽訂之後，根據第 138b 條的規定，
歐洲議會得依過半數之決議，促請執委會就歐洲議會認為施行歐盟
條約有必要之問題，提出適當的議案。不過，歐洲議會所擁有的並
非是實質的提案權力，換言之，執委會仍是最主要的政策與立法提
案機制。

二、立法權

　　歐洲議會影響歐盟立法的層面包括以下幾方面：
　　第一，歐洲議會有時會與執委會在政策或立法的前置期，進行
討論，而且根據上述條約的規定，歐洲議會亦可根據自身的意志，
提出政策與立法議案的權力。

第二、歐州議會所擁有對於歐盟每年的預算審議權，給予歐洲議會兩個權力：一是改變預算的原貌；二是拒絕接受預算計畫的權力。當然，擁有審核預算的權力，無形之中也提升了歐洲議會在政策制定程序中與執委會和理事會談判籌碼。

三、監督權

歐洲議會的監督權限，為其對於歐盟政策制定機關（行政機關）最為有利的工具與籌碼。根據馬斯垂克條約的規定，執委會必須對歐洲議會或其議員提出的口頭或書面質詢，予以回答；另外，根據馬斯垂克條約第 144 條規定，歐洲議會得對執委會進行不信任投票，此為歐洲議會對執委會最有效的牽制，只要三分之二的議員出席，且經全體議員過半數同意，針對執委會的職務提出不信任案時，執委會的委員就應辭去其職務。所以，此種不信任投票，形成歐洲議會直接影響並監督執委會的職務。當然，在決策程序中，基於此一牽制力，對於歐洲議員而言，增加其實質的提案權。

四、對外關係

歐洲議會具有討論國際事務和做出決議的權限。根據馬斯垂克條約第 228 條規定，對於歐盟與其他國家或國際組織締結所有的國際協定和結盟協定，以及第 O 條規定，新會員國申請加入歐盟，歐洲議會都享有同意權。當然，歐洲議會的職權還包括了預算的審議以及對於執委會主席及委員的任命與同意權。

　　尼斯條約對於歐洲議會的組成，進行重大的調整，關於席次的分配，依照人口數的多寡作為原則，並考量東擴後的議會規模，修訂各國的議員席次（請參見表 3-1），人口數最多的德國獲得 99 席。

　　綜觀歐盟決策機制的運作，每個機制的權限與任務都有其特定的功能，在不受彼此干涉的運作下，又必須接受其他機制的檢視，而不同的機制代表不同的利益、立場與態度，展現出多元的一面，不會偏重任何一方，也都讓各方表述出自身所代表的立場，儘可能維護各自的利益。當然，在整體利益與整合深化的考量下，各會員國都能在適切的協調之下，讓渡出部分的利益，退讓各自堅持的立場，共同為「整合歐洲」的目標而邁進。

參、歐洲議會的組織

　　歐洲議會的議員產生方式原本是由各會員國的國會自行訂定辦法選派而產生，大多都是由各成員國從本國議員中直接推舉。而在 1979 年起則是由各會員的公民直接選舉產生，這也使得歐洲議會成為世界上唯一由人民直接選舉產生的跨國性民意代表機構。任期為五年的歐洲議會議員，其總數在 95 年新會員奧地利、芬蘭及瑞典加入後，增為 626 人，[30]在 2005 年的東擴之後，加入 10 國，

---

[30] 歐洲議會議員人數在 1979 年時為 410 名，1984 年為 434 名，1989 年為 518 名，1994 年為 567 名，於 1995 年在新會員國加入之後，增為目前的 626 名，2005 年東擴後則增為 732 名。

使其總數為 732 人，2007 年羅馬尼亞與保加利亞成為歐盟會國，使得歐洲議會席次增為 736 席，各國議員席次的分配如表 3-1。

肆、黨團（Party Groups）

　　歐洲議會議員依不同政治主張、理念考量，分屬不同之跨國政黨，透過黨團的運作以瞭解政策及民意之取向。依據現行歐洲議會規則第 29 條規定，同一國籍的議員需達 26 位，才可組成黨團；若由兩個國家的議員組成黨團，須有 21 名議員；若有三個國家以上的議員共同組成黨團，則須 16 位議員；四個國家以上，則須 13 位議員。[31]歐洲議會計有歐洲社會黨（Party of the European Socialists, PES）、歐洲人民黨（European People's Party, EPP）、自由民主改革黨（Group of the Liberal Democratic and Reformist Party, ELDR）、綠黨（Greens）、歐洲聯合左派（Confederal Group of Europe United Left / Nordic Green Left, GUE/NGL）、歐洲聯盟黨（Union for Europe, UfE）、技術獨立集團（Technical Group of Independent Member, TDI）、歐洲多元民主黨（Group for a Europe of Democracies and Diversities, EDD）、歐洲激進聯盟（Europe Radical Alliance, ERA）、國家歐洲黨（Europe of Nations, EN）、歐洲民主黨（European Democrats, EDG）、歐洲民主聯盟（European Democratic Alliance,

---

[31] Tapio Raunio, *The European Perspective – Transnational Party Groups in the 1984-1994 European Parliament* (N.Y.: Ashgate Publishing Company, 1997) , p.45.

EDA）、共產黨聯盟（Communists, COM）、協調與自主防禦集團
（Co-ordination and Defence of Independence Groups, CDI）、歐洲右
派（European Right, ER）、北歐左派聯盟（United and Nordic Left,
LU）、彩虹集團（Rainbow Group, RB）與歐洲萬歲黨（Forza European,
FE）黨團，另有不結盟成員，[32]如表 3-2 所示。

表 3-2　歐洲議會黨歷年各黨團及其席次

黨團	1979 年席次	1984 年席次	1989 年席次	1994 年席次	1999 年席次	2004 年席次	2007 年席次	2009 年席次
PES	113	130	180	198	180	200	216	162
EPP	107	110	121	157	233	268 (EPP-ED)	278 (EPP-ED)	265
ELDR	40	31	49	43	50	*	*	*
ALDE	*	*	*	*	*	88	104	80
GREEN	*	*	30	23	48 (Greens-EFA)	42 (Greens-EFA)	42 (Greens-EFA)	51
EUL/NGL	*	*	28	28	42	41	41	33
UEN	*	*	*	*	31	27	44	35
IND/DEM	*	*	*	*	*	37	24	19
ITS	*	*	*	*	*	*	23	*
ERA	*	*	*	19	*	*	*	*
EN	*	*	*	19	*	*	*	*

---

[32] Alain Guyomarch, " The June 1999 European Parliament Elections," *West European Politics*, Vol.23, No.1, 2000, p.162 ;Josep M. Colomer and Madeleine Hosli, " How Political Parties Rather than National Governments Are Building the European Union," Prepared for the American Political Science Association meeting Atlanta, 1999, pp.1-38.

TGI	*	*	*	*	18	*	*	*
EDD	*	*	*	*	16	*	*	*
EDA	22	29	20	26	*	*	*	*
LU	*	*	14	*	*	*	*	*
RB	*	20	13	*	*	*	*	*
FE	*	*	*	27	*	*	*	*
EDG	64	50	*	*	*	*	*	*
CDI	11	*	*	*	*	*	*	*
COM	44	41	*	*	*	*	*	*
ER	*	16	17	*	*	*	*	*
NA	9	7	12	27	8	29	13	91
總計	410	434	518	567	626	732	785	736

資料來源：作者自行整理，其中＊代表並未參與選舉，EPP-ED 代表歐洲人民黨與歐洲民主

一、代表性問題

　　歐洲議會的議員人數分配是以國家為單位，即以各會員國人口數的多寡為基準，但基於保護小國利益的原則，使得各會員國議員的代表性強弱也有所區別。例如盧森堡平均每 6 萬 3 千人產生一名議員，是歐盟各國中最低的；德國則高達 81 萬 1 千人產生一名議員，是歐盟國家中最高的。[33]另一方面則牽涉到各會員國對於議員的選舉方式的差異（除了愛爾蘭與北愛爾蘭採取單記可讓渡投票制，其餘各國均採取名單比例代表制），亦會造成不平等的現象。

---

[33] 吳東野，〈歐洲議會選舉之分析〉，《美歐季刊》，第 9 卷，第 9 期，1994，頁 41。

二、公民參與

歐洲公民對於歐盟的前景支持與否，除了各會員國在政策上的引導之外，最明顯的證據可由歐洲議會議員選舉時的投票率看出端倪。歐盟於 1979 年開起歐洲公民藉由直選歐洲議會議員，來顯現其對於歐洲走向整合的政策方向。從表八的資料可看出英國與丹麥及荷蘭的投票率都偏低，其中，英、丹兩國對於歐盟整合前景表現出的態度，與此一情勢相符，尤其兩國在歐元的路上缺席，這也與其國內民意反映在歐洲議會的參與上，形成對應。

另一方面，從整體投票率的趨勢分析，歐洲議會的投票率是呈現逐次下滑的趨勢，這也對於歐洲整合共識的凝聚，無疑是負面的影響，從 1999 年到 2009 年的選舉結果分析，歐盟會員國整體投票率都低於 50%（詳見表 3-3）。再深入分析此一情勢產生的原因，根據 Jean Blondel, Richard Sinnott and Palle Svensson 在 1997 年所做的調查發現，[34]在採行非強迫性投票制度（non-compulsory）的歐盟會員國家中（包括丹麥、法國、德國、愛爾蘭、英國、荷蘭、西班牙與葡萄牙），於投票時缺席的原因包括：缺乏興趣、對於政治人物不信任及不滿政治現狀、缺少相關知識以及對於歐洲議會選舉程序不滿，這顯示歐洲民眾對於歐盟整體的改革方案，都抱持懷疑的態度。

---

[34] Jean Blondel, Richard Sinnott and Palle Svensson, "Representational and voter participation," *European Journal of Political Research*, No.32, 1997, pp.243-272.

　　對於直接反應歐洲公民意見的歐洲議會而言，若缺少代表性、缺乏公民參與的興趣，則無法反映出真實民意，這也將使得此一機制不具正當性，更可能使得歐盟向前邁進的腳步停滯，甚至倒退。

表 3-3　1979 年～2009 年歐洲議會選舉各國投票率（%）

	德國	英國	法國	義大利	西班牙	荷蘭	比利時	葡萄牙	希臘	瑞典	奧地利	丹麥	芬蘭	愛爾蘭	盧森堡	歐盟平均
1979年	65.7	31.6	60.7	85.5	*	57.8	91.6	*	78.6	*	*	47.1	*	63.6	88.9	63
1984年	56.8	32.6	56.7	83.9	68.9	50.5	92.2	72.2	77.2	*	*	52.3	*	47.6	87.0	61
1989年	62.4	36.2	48.7	81.5	54.8	47.2	90.7	51.1	79.9	*	*	46.1	*	68.3	87.4	58.5
1994年	60.0	36.4	52.7	74.8	59.1	35.6	90.7	35.5	80.4	41.6	76.7	52.9	57.6	44.0	88.5	56.9
1999年	45.2	24.0	46.8	70.8	64.4	29.9	91.0	40.4	75.3	38.8	49.0	50.4	30.1	50.7	85.8	49.9
2004年	43	38.5	42.8	71.7	45.1	39.2	90.8	38.6	63.2	37.9	42.4	47.8	39.4	58.6	91.3	46.4
2009年	43.3	34.8	40.5	66.5	44.3	36.5	85.8	37.1	52.2	43.8	42.4	59.5	40.3	55	91	45.6

	波蘭	捷克	匈牙利	保加利亞	斯洛伐克	立陶宛	拉脫維亞	斯洛凡尼亞	愛沙尼亞	賽普勒斯	馬爾他	羅馬利亞
2004年	20.9	28.3	38.5	29.2	16.9	41.3	48.3	28.4	26.8	72.5	82.4	29.5
2009年	27.4	27.8	36.3	37.5	19.6	53.1	20.1	28.0	43.2	59.4	78.8	27.2

資料來源：作者自行整理，保加利亞與羅馬尼亞的數據為 2007 年與 2009 年，* 代表並未參與選舉。

第五節　共同合作（Co-operation）程序
　　　　與共同決定（Co-decision）程序

　　歐盟決策機制是政策與立法制訂的核心，除了理解歐洲高峰會議、歐盟理事會、執委會與歐洲議會等機制的權限外，對於彼此間在政策制訂過程中的互動與影響，更形塑歐洲政經整合的發展路徑。不論是功能主義的「由下而上」的方式，抑或新功能主義的「由上而下」的途徑，還是政府間主義基於國家利益考量所進行妥協，決策機制的權限展現都會對於歐洲發展路徑形成影響，「共同合作程序」與「共同決定程序」則是歐盟政策產出的關鍵，以下則就這兩種決策程序予以分析。

壹、共同合作程序

　　在「單一歐洲法」中規定，對於涉及共同體內部市場運作、研究與技術、地區發展政策與改善工作環境等方面做出決定時，則需要部長理事會、執委會透過合作程序來制訂政策。所以，「共同合作程序」與「共同決定程序」則是形塑決策機制的運作程序，[35]也是會員國間累積合作經驗的方式。當歐盟接收到外部環境的變遷，以及歐盟會員國認為有助於歐盟整體發展的情勢時，對於所面臨的情勢發展，歐盟會員國經由「共同合作程序」的政策制定程序，制

---

[35] 根據馬斯垂克條約第 189c 的規定。

定出具有共識的決策以因應情勢的變動。筆者則從「歐洲高峰會議」作為歐盟決策的起點，並結合「共同合作程序」的運作予以分析，其模式如下（如圖 3-1 所示）：

當「歐洲高峰會議」不論是基於歐盟內部與外部環境的需求抑或定期的時程而召開，凝聚會員國間的共識，確立宏觀的觀點，再將共識的決議交由執委會。「執委會」接收到「歐洲高峰會」的共識觀點後，透過其專屬的提案權，草擬法律案的建議以及政策的初步建議，再根據「單一歐洲法」規定的立法程序將其提交至部長理事會與歐洲議會。歐洲議會針對執委會之提案，逐行一讀審查的程序以及提出修正案，執委會可依照歐洲議會的建議，採取修正（抑或不修正）提案，並將該案交由歐盟理會會。歐盟理事會於諮詢相關機構之觀點後，若對執委會修正後之提案無異議，則以加權多數決的方式形成「共同立場」（common position）。若有異議，則以一致決（unanimity）對「執委會」之提案進行修正，再將議案送交至歐洲議會審議。

歐洲議會接收到歐盟理事會之提案後，逐行二讀程序，對於該議案，歐洲議會可能做出提出意見、修改、拒絕或撤回的決議。當歐洲議會審議完畢之後，再將該議案送回執委會，執委會對於歐洲議會的意見可能採納，或是修改議案內容後，將修正後的議案或政策送交至歐盟理事會，歐盟理事會則以加權多數決的方式採納執委會意見或以一致決再修正，或是以一致決做成決議。

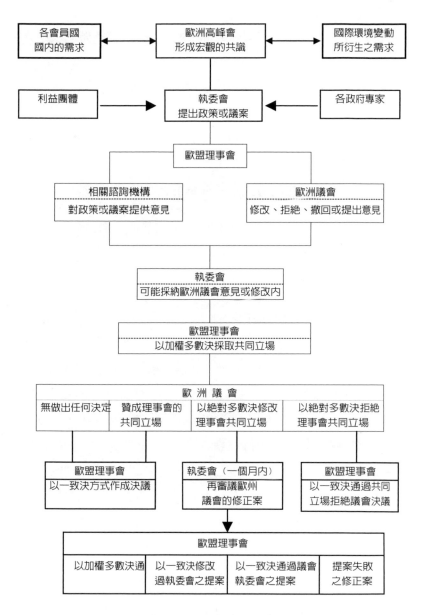

圖 3-1　共同合作程序

　　歐洲議會對於部長理事會所提出的修正案，可能做出以下幾種決議：

1. 歐洲議會於 3 到 4 個月內，沒有做出任何決議；
2. 贊成理事會所提出的「共同立場」；
3. 以絕對多數決(Absolute Majority)的方式修改理事會之「共同立場」；
4. 以絕對多數決的方式拒絕理事會之「共同立場」。

貳、共同決定程序

　　1992 年的馬斯垂克條約增列了「共同決定程序」，其一讀程序與共同合作程序大致相同，[36]差異在於進入歐洲議會二讀之後的程序有所差異。對於歐盟理事會經「共同立場」而提交的議案，歐洲議會若同意，則該法案即可採行，亦可以絕對多數的表決否決與修改其「共同立場」。如果歐洲議會宣布要否決共同立場，則歐盟理事會可召集調解委員會進行共識的協商，而此委員會是由歐盟理事會與歐洲議會各派 15 名代表成立。倘若該委員會能成功協商出兩機構接能接受的修正案，並將其以歐盟理事會與歐洲議會皆能接受的共同立場文字版本送交兩機構進行表決，通過之後則該修正法案即可採行（如圖 3-2 所示）。

---

[36] 黃偉峰，〈歐洲議會〉，收錄於黃偉峰主編，《歐洲聯盟的組織與運作》，台北：五南書局，2003，頁 295-296。

　　不過，假使調解委員會失敗，歐盟理事會則需再確立其原先的共同立場，並再次送交歐洲議會審查，倘若歐洲議會以絕對多數否決該共同立場之提案，則該法案不通過，反之則該法案通過（如虛線→所示）。亦即，在馬斯垂克條約中所增訂的共同決定程序，強化歐洲議會在決策與立法過程上的角色，提升其與歐盟理事會協調議案的空間，在程序上亦降低執委會的角色。

　　1997 年的阿姆斯特丹條約中，刪除了歐洲議會宣布否決議案的階段，此外，調解委員會若失敗，歐盟理事會無法透過再確認共同立場的程序堅持原議案，這意味兩機制的協商失敗，法案形成打消，該議案必須重新提出，[37]此即表示歐盟理事會無法否決協調委員會的協商結果，使得歐洲議會與歐盟理事會具有對等的立法權限。根據 Kreppel 的研究指出，自 1993 年共同決定程序實施後，歐洲議會修正案在二讀被歐盟理事會接受之比例已從 21%提高至 46.9%。[38]

　　從上述兩種決策程序的演進可知，歐洲高峰會議形塑成員國家領袖間的共識，是導引政經發展的關鍵，這可從歐洲議員直選的決定、成立歐洲貨幣體系取代蛇行匯率、確立單一貨幣時間表、允許英國與丹麥在單一貨幣政策中的任擇條款、東擴後決策機制的調整、歐洲憲法的催生以及成立快速反應部隊等，都是在各國領袖達成共識下，再透過「共同合作程序」與「共同決定程序」建構出超國家主義與政府間主義互動下的決策機制互動。

---

[37] G. Tsebelis and G. Garrett, "Agenda-setting, Vetoes and the European Union's Codecision Procedure," *International Organization*, Vol.55, No.2, 2001, pp.357-390.

[38] 黃偉峰，〈歐洲議會〉，收錄於黃偉峰主編，《歐洲聯盟的組織與運作》，台北：五南書局，2003，頁 297。

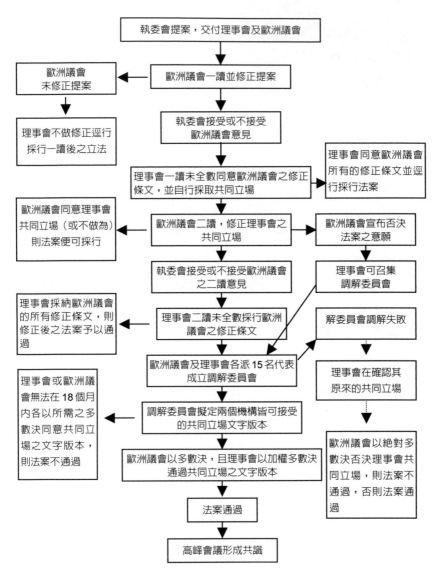

圖 3-2　共同決定程序

資料來源：參考黃偉峰，「歐洲議會」，收錄於黃偉峰主編，《歐洲聯盟的組織與運作》，台北：五南書局，2003，頁 296。

　　準此，相關理論的分析，都在政策與立法產出後的脈絡下進行，例如，單一貨幣的實施所展現的是各會員國釋放主權給一個超國家的機構，其歷程的發展符合新功能主義論者的觀點，歐洲憲法的議題更是該理論的終極目標之一。此外，若從 1950 年代的歷史脈絡分析，因為無法建立「歐洲防禦共同體」，因而導致在政治議題上的整合受阻轉而從經濟議題出發，這又與功能主義論者的論述一致。不過，國際環境變遷亦是分析歐洲發展歷程不可或缺的因素之一，再者，分析歐洲政經發展的歷程，更有著一個重要的架構必須結合，亦即，歐洲認同的脈絡，不論是功能主義、新功能主義、政府間主義或是最適貨幣區域理論、歷史制度論抑或國際社會化理論等，在研究政策產出過程或其影響之際，都不難看出其鑲嵌的認同脈絡。所以，本書基於此一認知，延續對於歐洲政經發展的分析。

◎ 歐洲政經整合的三重奏

第四章　歐盟發展的政策分析一

──經濟暨貨幣政策

（Economic and Monetary Union, EMU）

　　二次大戰之後，國際社會間基於現實環境的考量，以及本身經濟發展的需要，透過結盟或是聯盟的方式，結合彼此的經濟力量，凝聚彼此的共識，以集體的力量來抵禦外來的競爭，因而促使以貿易自由化為主的區域經濟整合態勢，在各區域間應運而生。對歐盟而言，在共同市場建立之後，藉由良好的經濟整合基礎，進一步向更深層的目標邁進。歐洲單一法施行之後，歐洲共同市場（歐盟的前身）本身為求內部市場計畫能夠落實「無國界」的貿易區，並進一步深化共同體的整合歷程，於是致力於推動「經濟暨貨幣聯盟」的計畫，經由條約的明文規定，使其成為各會員國必須遵守及實踐的政策性目標。EMU 的推動，看似經濟層面的政策，實際上，則是牽動著政治面的決定。歐盟國家在邁向整合的道路上，經由經濟整合的效益拓展至政治層面的合作，是較切合實際情勢的做法，當然，經由半世紀的努力，歐盟國家能否藉由經濟整合的歷程而跨越至政治層面的合作，EMU 扮演著關鍵的角色。

第一節　政策的緣起

在馬斯垂克條約（Maastricht Treaty）中，各會員國對於 EMU 的實施情形，訂出三個階段來達成，[1]並對各會員國加入 EMU 之經濟條件予以明確的規範。[2]此一跨越各國鴻溝的整合契機，無疑是強化了歐盟整合的進展。當「經濟暨貨幣聯盟」形成之後，歐盟各會員國（目前有 11 國加入，英國、希臘、丹麥、瑞典暫不加入）間將使用單一貨幣（Euro）來進行所有對內與對外的交易，同時配合共同一致的經濟政策以及本身誘人的廣大市場，勢必對於美國的霸權地位形成衝擊，也提供區域整合模式更為深化的典範。當然，歐盟本身在國際社會地位的提升，自然不在話下。

歐盟會員國採行一致政策的前提是，可能放棄本身的利益和部分主權來促成。這對歐盟整體而言，將有助於整合的最終目標——政治整合的建立。因為，EMU 政策不僅牽涉到各會員國的經濟政策，更是各會員國本身在政治層面決策的一大突破。

根據歐洲發展的歷程分析，在一次世界大戰之前，經濟榮景都是出現在歐洲整合的時期，經濟出現衰退則都是在歐洲形成分裂之

---

[1] 根據 1989 年 4 月，歐體執委會主席狄洛（J. Delors）所提出之「狄洛報告」（Delors Report）中所建議，由全體會員國採行一致之貨幣與經濟政策，在執行程序上分為三階段，並將列入於馬斯垂克條約中。

[2] 會員國加入 EMU 之標準為：(1)會員國的通貨膨脹率不得超過前一年通貨膨脹率最低三個會員國平均值的 1.5%；(2)會員國的政府預算赤字不得超過 GDP 之 3%；(3)會員國之政府負債不得超過 GDP 之 60%；(4)會員國的長期利率率不得超過前一年通貨膨脹率最低三個會員國平均值的 2%；(5)會員國貨幣的匯率波動，應維持在歐洲匯率機制（ERM）中心匯率上下 15%以內，詳細資料請參考表 4-1。

際。[3]準此，一次世界大戰之後，歐洲政治版圖重新劃分，統一的經濟區被切割成較小的單位，再據此對應「國富論」中的觀點，相關國家的市場基於「分工」作用，以及「比較成本優勢」的考量下，呈現出個體行為者間的競爭態勢，不過，整體的經濟合作卻難以成形。相較於重商主義與自由主義的觀點，功能主義則在此時提供維持世界和平的方案，藉由國際組織來實現「和平體系的運作」，透過功能性的合作增加經濟的互賴，形塑出「由下而上」的整合方案。

　　從關稅同盟建立開始，歐洲國家則鑲嵌於以「利益」導向為「報酬遞增」的制度架構中，這也顯示以功能主義為發展依據的態勢。1950 年 5 月的「舒曼宣言」，建議成立一個煤、鋼聯營共管的機制，並促成日後「歐洲煤鋼共同體」的建立，其性質則是屬於超國家主義，亦即，在經濟領域上，展現出由共同體取代國家主權行使（一種由上而下的決策模式），有著「新功能主義」論述邏輯的延展。同年 6 月爆發的韓戰，美國寄望西德的軍備來平衡東西歐的重要性，不過，此舉對當下的西歐國家而言，尤其是法國，是相當懼怕與擔憂，準此，法國提出建立「歐洲防禦共同體」的構想，根據 Wistrich 的說法，「歐洲防禦共同體」的目的在於創造一個受歐洲政治機構管轄的歐洲軍隊，以達成共同防衛的任務。[4]

　　根據「歐洲煤鋼共同體」的脈絡，當時會員國在經濟領域中已能接受超國家組織的運作，對於更進一步的軍事合作，在同樣的機

---

[3]　周弘主編，《歐洲一體化與歐盟治理》，北京：中國社會科學出版社，2004，頁 39。

[4]　Ernest Wistrich, *After1992: The United States of Europe* (London: Routledge, 1989), p.29.

制運作之下，以及外部國際環境結構變遷的系絡下，6 個會員國於
1952 年 5 月簽署《歐洲防禦共同體條約》。不過，就在 5 國國會都
批准通過該條約的情境下，法國國會拒絕此准，這也導致與政治議
題相關的新功能主義脈絡，就此打住。不過，卻也讓經濟議題在歐
洲的區域整合歷程中，展現歷史制度的脈絡。

第二節　政策制訂歷程

　　第二次世界大戰以後，很多學者及政治家認為，戰後的歐洲有
必要加強團結、發揮集體的力量，如此不僅對歐洲各國有利，亦可
以對世界其他強權產生制衡作用。因此，希冀透過經濟的整合進而
達成政治的結合，以尋求歐洲合眾國（United of Europe）的建立。
1947 年美國國務卿馬歇爾有鑒於當時經濟環境之窘困，主張提供
大量美援以扶助歐洲的復興，其唯一的條件是接受援助的國家必須
共同建立經濟上的互助合作方案。

　　為了配合馬歇爾計畫（Marshall Plan）之要求，奧地利、荷蘭、
挪威、葡萄牙、瑞典、英國、瑞士和土耳其、比利時、丹麥、法國、
希臘、冰島、愛爾蘭、義大利、盧森堡等 16 國於 1947 年於巴黎集
會擬定共同復興計畫，並建立了歐洲經濟合作組織（Organization for
European Economic Cooperation, OEEC），西班牙和德國亦先後加入
此一組織。該組織是二次大戰後歐洲經濟合作的開始，不僅建立了
歐洲支付同盟（The European Payments Union）及歐洲基金

（European Fund），亦實行多邊清算制度（Multilateral System for Settlements）。歐洲貨幣整合是經濟整合最重要的一環，然而要他們放棄各自原有的通貨而改採取共同的單一貨幣，這涉及了貨幣主權問題。[5]

壹、歐洲貨幣整合的起步：《羅馬條約》（Treaty of Rome）

從 1958 年的《羅馬條約》開始到 1987 年的《單一歐洲法案》（Single European Act, SEA），歐體的經濟整合從「關稅同盟」走到「經濟聯盟」也有 30 年的歷史，歐洲的政治精英理解，沒有貨幣聯盟的經濟聯盟，其整合的成效將會相當有限。準此，藉由《羅馬條約》的批准與實施，一方面使得「歐洲經濟共同體」（European Economic Community, EEC）和歐洲原子能共同體（European Atomic Energy Community, Euratom）形成，另一方面，在條約的第 6 條、第 103-106 條也規定會員國在貨幣層面的合作。雖然《羅馬條約》的目標是創造一個共同市場，其實際政策的制定最初是以取消關稅和配額為目標，不過，《羅馬條約》比建立「歐洲煤鋼共同體」（European Coal and steel Community, ECSC）的《巴黎條約》具有更明顯的市場導向性。然而，在很多領域內政府的干預仍然非常重要，其中歐洲經濟共同體則是最重要的一個。[6]

---

[5]　Bela Balassa, *The Theory of Economic* (Homeword: Richard O. Zrwin, 1961)，pp.5-10.

[6]　向宇譯，Sylvester C. W. Eijffinger and Jakob De Haan 著，《歐洲中央銀行：

此外，佔當時歐體總預算 70%左右的「共同農業政策」（Common Agriculture Policy, CAP），會因匯率的撥動而不利該政策的運作，所以，歐體為穩定其農產品價格因而建立以 U.A.（Unit of Account）為農產品計價單位的象徵性共同貨幣，[7]以及固定匯率兩套機制，用以實現農產品價格的穩定。

貳、「魏納報告」（Werner Report）

在二次世界大戰後，國際通貨是以各國貨幣與黃金或美元固定兌換比例的「黃金美元匯率本位」的「固定匯率制」為基礎。不過，1960 年代後，美國經濟實力漸弱、通貨膨脹以及各地匯市拋售美元，造成國際收支產生大量逆差，使得國際上的美元呈現長期過剩現象，引起其他貨幣受到影響，1968 年起，英鎊開始貶值，1969 年法郎貶值、馬克升值，引發「歐洲通貨危機」的骨牌效應。[8]有鑑於通貨危機的影響，使得法、德兩國急欲建立貨幣聯盟，於是歐體各國乃於 1969 年 12 月在海牙（Hague）召開政府首長會議，並委任盧森堡總理魏納（Pierre Werner）組成研究委員會，希望能於 1980 年完成由經濟同盟走向貨幣同盟的目標，並設定完全的「經濟暨貨幣聯盟」。

透明性、集中性》，北京：中國人民大學出版社，2003，頁 6-10。

[7] Robert Gibbons, *Game Theory for Applied Economics* (New Jersey: Princeton University Press, 1992), pp.142-143.

[8] Andrew Wyatt-Walter, *op. cit.*, p.24.

　　在當時委員會討論過程中，對於貨幣整合過程中執行的優先順序，歐體會員國內部有兩種不同的看法：一是由巴禮（Raymond Barre）所帶領的「貨幣學派」（monetarist school），另一則是由席勒（Karl Schiller）所領導的「經濟學派」（economist school）。[9]前者是由比利時、法國、盧森堡所組成，其論點在於固定的匯率機制形成後，各政府間將以強制的手段來協調經濟政策。「經濟學派」主要則是由德國與荷蘭所主導，認為當匯率被固定後，會員國必須調整經濟政策來維持其經濟的均衡。

　　海牙會議後，會員國發表公報並以「巴禮計畫」為基礎，歐洲各國政府則就建立經濟和貨幣聯盟達成共識。在 1971 年的魏納報告中，其設定的目標是以 10 年期並以三階段的方式來建立「經濟暨貨幣聯盟」。不過，由於缺乏對會員國政策調整的強制力以及各國間經濟層面的差距使得政策無法形成共識，使得「魏納報告」所設定的目標無法達成，這卻也讓歐體成員意識到，各國經濟情勢的一致性是形塑「經濟暨貨幣聯盟」的關鍵。準此，在 1989 年的戴洛報告（Delors' Report）中，創造出「經濟政策的決策中心」及「共同體的中央銀行體系」（Community System for Central Banks），其功能在於：[10] 1.全面及不可取消兌換的通貨，保證貨幣間有完全的、不可逆轉的可兌換性；2.資本交易的完全開放和銀行及金融市場的充分整合；3.匯率平價波動範圍的消除及不可撤回、比價完全固定化。

---

[9]　向宇譯，前揭書，2003，頁 26-31。
[10]　張亞中，前揭書，1998，頁 176-178。

參、歐洲貨幣整合的制度嘗試：「蛇形制度」(snake in the tunnel)

　　1971 年「史密斯松寧協定」(Smithsonian Agreement) 簽訂後，各國對美元匯率波動由上下 1% 放寬到上下各為 2.25%，準此，歐洲各國則決議採行對外共同浮動匯率，對內限制浮動匯率的機制，此即所謂「蛇行浮動匯率」(The Snake Tunnel Rate)。亦即，根據 1972 年開始的「魏納報告」第一階段，規定歐體各會員國之間的通貨價值，其波動幅度不得超過上下各 1.125%，對外則採共同浮動，規定各會員國的通貨對美元中心匯率可在上下各 2.25% 的範圍內波動。

　　此種匯率制度，將參與國貨幣的雙邊匯率波動幅度壓縮到一個狹窄的區間，像是一條「蛇」在隧道中游走，所以稱為「蛇行浮動」。事實上，「蛇形浮動匯率」本來被視為是歐體邁向貨幣聯盟的第一步，但是，1973 年美元再度貶值與 1973 年到 1974 年石油危機經濟動盪，都讓歐洲各國對於此匯率機制喪失信心，英國在參與「蛇形浮動匯率」後的兩個月後即退出，義大利也在 1973 年退出。從 1972 年 4 月到 1979 年 3 月，體系內的固定匯率變動達 31 次，會員國進進出出的次數也達 18 次。[11]

　　「蛇形浮動匯率」的失敗代表著歐洲貨幣整合的制度嘗試是需要改進的，當歐體會員國在 1978 年面對石油危機之際，德、法兩國首先推動各歐體會員國於該年 7 月召開布萊梅（Bremen）高峰

---

[11] Tagir Hitris, *European Community Economics: A Modern Introduction* (Hemel Hempstead: Havest Wheatsheaf, 1988), p. 86.

會，研擬建立「歐洲貨幣體系」（European Monetary System, EMS）的可能性，此一方案在同年 12 月於布魯塞爾舉行的歐洲理事會（European Council）中決議通過。此外，1978 年 7 月的「布萊梅宣言」中，西德主張與理事會以決議案的形式採用「建立歐洲貨幣體系」，並立即得到歐體六個會員國的支持，這是歐洲貨幣整合再一次的重新出發。EMS 的主要目的是建立共同貨幣、採行中心匯率與實施信用融通的基金，其內容概述如下：[12]

一、以匯率管理的觀點來看，EMS 將至少與「蛇行浮動匯率」一樣嚴謹，在其運作一般規定之時間後，當時沒有加入「蛇行浮動匯率」的會員國，將選擇對中心匯率上下 6%的邊界調整。不過，原則上是由各參與國的通貨來加以干預，而中心匯率的改變受限於雙方間的合意，可是與歐體有特別強烈的經濟與金融關係之非會員國，將成為此制度下的準會員（associate member），此時「歐洲通貨單位」（European Currency Unit, ECU）將成為此制度下之核心，作為清算的工具。

二、原先 ECU 的供給（歐體央行間使用），一方面是以對美元存款及黃金所創造出的，一方面以會員國的通貨來繳納。由會員國通貨所創造出的 ECU，其使用受限於數量及到期日的變化，尚有短期設施的需要。

三、參與國也將與第三國來協商其匯率政策，也需加強與央行間方案的具體諮商，並尋求以美元干預的協調方式來避免立即性的

---

[12] 此主要目的的概述轉引自王騰坤對於歐洲共同體公報的整理。

干預措施，央行買美元來充作部份存款並接受 ECU 作為償還工具。[13]

四、此方案開始不到 2 年，既存的協議及機構就被歐洲貨幣基金（EMF）所合併及取代。

五、密切的貨幣合作制度將成功地幫助參與國在追求政策上的運作，有助於國內外的安定，使收支帳盈餘或赤字的國家相互協調運作。[14]

在此匯率機制下，每一種貨幣的匯率都在一個帶狀區間內按照各種貨幣兩兩兌換的中心匯率上下波動。另外，在進行貨幣整合的同時，歐體各國內部還有一項需要考慮的要素，就是歐體內部不對稱的衝擊，這主要來自於德國與東歐的關係，長期以來一直是德國在西歐推進整合並且滿足法國實現貨幣整合願望的主要原因。[15]

肆、貨幣同盟的建立：「戴洛報告」

法國總統季斯卡（Ualéry Giscard d'Ectaing）和德國總理施密特（Helmut Schmidt）在 70 年代末期開始推動建立「歐洲貨幣體系」，其目標是在歐洲創建一個「穩定貨幣區」。1987 年實施的《單

---

[13] 王騰坤，《歐洲貨幣整合：理論分析與現況探討》，台北：商田出版社，1997，頁 106。

[14] 王騰坤，前揭書，1997，頁 107。

[15] 向宇譯，前揭書，2003，頁 33。

一歐洲法》以及在 1992 年完善內部市場的承諾，對推動經貿聯盟的進程而言影響深遠，《單一歐洲法》不僅僅替完善市場設定了一個明確的最後期限，更是為了內部市場形成所帶來的利益，亦即，匯率風險和交易成本都應該消除的目標。[16]

一、「歐洲貨幣體系」

「歐洲貨幣體系」於 1979 年 3 月開始構建，其基礎則是「匯率體制」（Exchange Rate Mechanism, ERM），雖然「歐洲貨幣體系」和「匯率體制」經常被用做同義語，不過兩者之間還是有差別的。第一，所有的歐盟成員國都是「歐洲貨幣體系」的成員，但是並非所有的成員國都參加了「匯率體制」。第二，「歐洲貨幣體系」比「匯率體制」要複雜的多，而且，「歐洲貨幣體系」還隱含 ECU 的誕生。

ECU 是「歐洲貨幣體系」成員國貨幣的一個籃子，每種貨幣的權重是根據各國在經濟上的相對重要性來確定的。ECU 的建立原先被預估會在「匯率體制」中發揮重要作用，但其卻在國際金融市場上發揮更大的作用，因為許多國家政府、機構和公司發放貨幣貸款時以 ECU 進行標價，民眾也可以擁有以 ECU 計值的銀行存款。[17]

此外，在 EMS 創辦的同時，雖然不太符合大眾的期待，但 EMS 不僅仍存在著而且其聲譽不斷提昇，故 EMS 不僅具重要地位且被

---

[16] Pierre Jaillet and Thierry Vissol, in Christopher Johnson (eds.), *ECU: The Currency of Europe* (London: Euromoney Publications PLC, 1991), p.31.

[17] 王騰坤，前揭書，1997，頁 109。

大眾所接受還有對降低短期雙邊匯率坡動有所貢獻。Tsoukalis 指出，名目匯率的進一步安定是透過通貨脹率緊縮來達成，以及利率對匯率目標的搭配和在外匯市場的聯合干預與體系內在所增加的信用有關。[18]Fratianni 及 Von Hagen 也提出證據，顯示出其進一步的成就是縮減匯率及通貨膨脹率的不確定性；[19]相反地，在提升反通貨膨脹的成就方面則是比較不被人所信服的，因產出成長的損失及與反通貨膨脹所造成的就業問題在 EMS 之內相對於體系之外來得更嚴重也更持續（這可由 Phillips Curve 可得到證實）。

　　Gros 與 Thygesen 提到 EMS 的創立的確對於內部及外部的貨幣不穩定性帶來正面的反應，而 ERM 緊湊地管理導致減少了不安定的外部因素（EMS 體內的匯率坡動）相較在 1990 年的時候大約是其坡動的 1/4。[20]內部的不安定（通貨膨脹）也在同時減少；然而，也有較少的證據顯示 EMS 是達成此的有利因素，因此 EMS 似乎不被視為此規律手段的主要運作方式。

　　另一方面，Giavazzi 及 Giovannini 所進行研究中顯示，他們估計工資變動、通貨膨脹及產出成長的向量自主性回歸是用來控制貨幣政策與國際價格，但他們沒有發現到其中重要的參數改變。[21]根

[18] Loukas Tsoukalis, *The New European Economy: The Politics and Economies of Integration* (Oxford: Oxford University Press, 1991), p.170.

[19] Fratianni Michele and Juergen Von Hagen, *The European Monetary System and European Monetary Union* (Oxford: Westview Press, 1992), pp.26-28.

[20] Daniel Gros and Niels Thygesen, *European Monetary Integration: From European Monetary System to European Monetary Union* (England: Longman Group UK Limited, 1992), p.156.

[21] Francesco Giavazzi and Alberto Giovannini, *Limiting Exchange Tate Flexibility: The European Monetary System* (Cambrodge: MIT press, 1989), p.150.

據從 1979 年到 1990 年 7 個 EMS 的會員國所觀察及實驗的統計數字顯示通貨膨脹率的下降，[22]被 EMS 的支持者所稱讚，雖然證明沒有比其他達成下降的國家來得好，但以經濟的實質面來說，特別就失業問題而論，EMS 的紀錄顯得比起 9 個非 EMS 的會員國則來得低，[23]這個值得注意的成就也就是匯率波動性的降低。

二、「經濟暨貨幣聯盟」

「經濟暨貨幣聯盟」是源自於 1988 年 6 月，歐體於「漢諾威高峰會議」決議委託執委會主席戴洛為首的「戴洛委員會」研擬建立「經濟暨貨幣聯盟」之具體步驟而來，並由各國中央銀行總裁、執委會副主席及三位專家所組成「EC 貨幣問題專門委員會」所建立。該委員會於 1989 年 4 月提出所謂的「戴洛報告」，此報告完成 EMU 之基本原則為：1.EMU 為歐洲經濟整合程序之最後成果；2.歐體各國在經濟政策方面之決定權進行移轉；3.在限定之共同政策決定上有必要將部分權限轉交歐體；4.經濟同盟及貨幣同盟兩部份可同時並行實現之。[24]

其中，戴洛委員會報告中將 EMU 之實施以三階段方式達成，其主張之內容為：

---

[22] Fratianni Michele and Juergen Von Hagen, *op. cit.*, 1992, p.38.

[23] 這些國家分別為澳大利亞、奧地利、加拿大、芬蘭、日本、瑞士、英國及美國。

[24] Daniel Gros and Niels Thygesen, *op. cit.*, 1992, p.156.

　　第一階段：本階段開始於 1990 年 7 月 1 日，階段目標為加強共同體各相關機構間經濟政策及貨幣政策的合作，其施行要點有二：一為賦予共同體央行總裁委員會對部長理事會及各會員國政府提供有關貨幣政策建議的權力；其次則促使共同體所有會員國應在平等條件下，成為「歐洲貨幣制度」的完全會員（Full Member）。[25]

　　在此期間，透過經濟及貨幣政策協調在既存組織架構強力運作下，將產生整合的經濟績效。在貨幣方面，強調所有金融整合障礙的去除及強化貨幣政策的合作與協調。因此，接續著第二階段與第三階段。

　　第二階段：著手於條約修訂之際，制訂 EMU 基本組織及架構的設立政策。在貨幣方面，歐洲中央銀行體系（European System of Central Banks, ESCB）由原先在第一階段中獨立的貨幣政策之協調，轉換成由央行總裁委員會來執行，並自 1994 年元月開始，將設立歐洲中央銀行，此階段中一個重大的特徵是 ESBC 的建立來合併先前制度上的貨幣協議。發行歐洲單一通貨在此過渡期間，會員國之經濟暨貨幣政策的自主權，應漸進的由各會員國主管機關轉移至新的機關組織，並在 ESCB 下之聯合系統，逐漸整合歐洲共同貨幣政策的制定與執行。此外，為準備進入第三階段，在第二階段必須縮小「匯率機能」中各會員國匯率的浮動範圍。

　　第三階段：本階段的實施時機視各會員國間匯率關係建立完成與否而定，共同體有權干預各會員國的財政預算。「歐洲中央銀行體系」將負責共同體的貨幣政策，並將各國準備金集中保管運用，

---

[25]　王騰坤，前揭書，1997，頁 111。

會員國的通貨將與單一通貨 ECU 併行，此後經濟暨貨幣問題之解決及政策擬定將分由部長理事會及「歐洲中央銀行體系」負責，而且，ESBC 將擁有干預外匯市場及買賣證券等管理工具。此組織應由共同體指派各會員國中央銀行之主管組成理事會，各國中央銀行應執行 ESBC 所做成的決議事項。[26]

　　最後一個階段則是從各會員國接受不能變更的固地匯率價開始，並提供 EC 各機構充分的經濟結果。此外，基於歐洲共同體「經濟暨貨幣聯盟」的三階段工作完成後，各會員國對其本身的經濟暨貨幣政策將不再具自主能力，因此曾有學者建議各會員國應該以協議方式達成整合，並設立政策目標，允許各會員國依據既定目標採行彈性政策。[27]事實上，貨幣整合的歷程無法與魏納及戴洛報告所預期的 EMU 第一階段相符，也無法符合達成 EMU 的過程，所有經濟學家承認在過渡時期（transitional phase）中會產生許多困難，但他們認為透過政治的調整會達成其最終目標。此外，經由 12 個 EC 會員國對戴洛報告背書，明確的指出必須達成經濟暨貨幣聯盟。

伍、歐洲貨幣的最後階段：《馬斯垂克條約》（Maastricht Treaty）

　　《馬斯垂克條約》即《歐洲聯盟條約》（Treaty on European Union, TEU，以下簡稱馬約）於 1991 年 12 月在荷蘭的馬斯垂克舉

---

[26] 王騰坤，前揭書，1997，頁 112。
[27] 王騰坤，前揭書，1997，頁 111。

行的第 46 屆歐洲共同體高峰會議上簽訂。《馬約》的簽署是艱難的，其中，1992 年 6 月丹麥公民投票否決《馬約》，丹麥最後宣布不參加經貨聯盟的第三階段，也不參加共同防禦政策。1993 年 5 月丹麥進行新的公民投票才以微弱多數得以通過，德國成為最後一個完成批准程序的成員國。[28]

陸、「歐元」為單一貨幣的確定

　　《馬約》提出由單一超然的中央銀行管理單一貨幣的共同貨幣政策概念，基本目標為維持單一貨幣及匯率政策，以確保價格穩定及支持歐固體自由競爭、市場開放之經濟政策。[29]1995 年 12 月的馬德里高峰會議決定將歐洲的單一貨幣取名為「歐元」，而在 1997 年 6 月阿姆斯特丹高峰會議中，除通過《阿姆斯特丹條約》草案，也正式批准了「穩定與成長公約」、「歐元的法律地位」、「新的貨幣匯率機制」三項文件。1998 年 3 月 25 日歐盟執委會公佈，歐盟 15 個國家中有 11 個國家符合採用單一貨幣歐元的標準，希臘則因經濟表現不佳，通貨膨脹、公共負債和預算赤字都無法達到《馬約》門檻[30]而被被擋於歐元之外。[31]

---

[28] 向宇譯，前揭書，2003，頁 14。

[29] 王萬里譯，Nicholas Moussis 著，《歐盟手冊：前進歐洲》，台北：中國生產力中心，1999，頁 81。

[30] 會員國加入 EMU 之標準為：1.會員國的通貨膨脹率不得超過前一年通貨膨脹率最低三個會員國平均值的 1.5%；2.會員國的政府預算赤字不得超過 GDP 之 3%；3.會員國之政府負債不得超過 GDP 之 60%；4.會員國的長期

經濟暨貨幣聯盟第三階段開始執行後，歐盟將發行單一貨幣及制訂單一貨幣政策，這表示「歐洲中央銀行」（European Central Bank, ECB）將取代歐洲貨幣機構（European Monetary Institute, EMI）而與歐盟會員國的中央銀行共同實行歐洲中央銀行制度。自 1999 年 1 月 1 日起，歐元將成為參加單一貨幣會員國的正式貨幣，各國貨幣政策及外幣兌換都將以歐元計算。外匯市場則將鼓勵使用歐元，不僅可交易公債，也由參加國以歐元發行，並以一對一轉換率取代歐洲貨幣單位的貨幣籃，過渡階段則段持續到 2002 年 1 月 1 日。[32]

第三節　歐元的認同

Michael Mussa 認為，世界各國都透過維繫與保護其國家貨幣作為主張與顯現其主權權威，亦即，貨幣就像是國旗一樣，每一個國家都必須擁有，[33]這不僅建構部分的國家認同，也涉及貨幣的適用範圍，即「貨幣地理學」（monetary geography）的觀念，意指貨

利率率不得超過前一年通貨膨脹率最低三個會員國平均值的 2%；5.會員國貨幣的匯率波動，應維持在歐洲匯率機制（ERM）中心匯率上下 15%以內。

[31] 張健雄，〈歐洲貨幣聯盟轉軌時期的法律和技術支持手段〉，《歐洲》，第 15 卷，第 6 期，1997，頁 66。

[32] 王萬里譯，前揭書，1999，頁 87。

[33] Michael Mussa, "One Money for How Many?" In Peter B. Kenen, ed., *Understanding Interdependence: The Macroeconomics of the Open Economy* (London: Princeton University Press, 1995), p.98.

幣關係的空間組織──貨幣領域（domains）如何被安置與被組織。[34]
此外，貨幣領域所延伸的權威性領域概念，亦將其區分為三種意
涵。[35]

1. 領土領域（territorial domain）：是基於國家中心基礎，由發
   行政府的政治管轄權所定義的傳統空間位置（space-
   of-place）。

2. 交易領域（transactional domain）：是基於功能性的交易網絡
   為基礎，由發行國將各自貨幣直接使用於不同的目的空間流
   動（space-of-flows）。

3. 權威領域（authoritative domain）：是將領土與交易領域的概
   念結合在一個單一的複合式單位進行使用與產生權威，含有
   層級式的網絡關係。

　　準此，貨幣所具有的特殊功能，不論是交易的媒介、計價的單
位與價值的儲存等，是其被安置的象徵，透過制度運作所鑲嵌的權
力結構來形塑其被組織的特性，這也說明貨幣地理學是由空間與人
類認同所共同建構的。所以，歐元的推動，在某種程度上而言，就
是建立認同的明確計畫，一方面建構一個超越國家認同的新歐洲政
治結構，一方面則是延續單一市場的功能主義邏輯，更是歐洲整合
歷程下不可避免的結果，再者，透過共同貨幣有效的獲益更能確立
其正當性與合法性。亦即，歐元代表了歐洲的文化認同與政治認同。

---

[34] Benjamin J. Cohen, *The Geography of Money* (Cornell: Cornell University Press, 1998) , p.8.

[35] Benjamin J. Cohen, *op. cit.*, p.23.

壹、歐元的文化認同

　　從歐盟東擴的脈絡可以分析出歐洲文化認同的延續，歐元則成為會員國間所欲創設的認同象徵，亦即，若將基督教信仰視為 15 世紀歐洲對抗土耳其帝國的核心，再將歐洲統一概念視為歐洲追求和平的目標，歐元亦是在此一脈絡下的核心指標，這可由其上的圖象來分析。

一、硬幣（coin）部分

　　歐元硬幣有一面是顯示金額數字的共同面（common sides），在每個會員國都相同（如圖 4-1 所示），是由 12 顆星星由 6 條平行線條所連結的歐洲地圖，其中，1 歐元與 2 歐元的地圖代表「不需要疆界的統一歐洲」，1 角、2 角與 5 角的地圖代表「歐洲是由個別國家所結合的團體」，1 分、2 分與 5 分的地圖則代表「歐洲在世界的位置」。[36]所以，硬幣的圖像代表歐洲是一個自然、統一與和諧的實體，而加入歐盟的每一個會員國皆擁有獨立與平等的地位，這也表示從歐元發行日起（2002 年），歐洲是歐盟組成的同義詞。

　　此外，從歐元硬幣上另一面的圖象設計（非數字面金額的一面）代表國家的獨特面向（如圖 4-2 所示），此即可明瞭其所融合與保

---

[36] European Central Bank, "Euro banknote and coins," www.euro.ecb.int, 2003.

留不同國家的特色以及代表在歐洲認同系絡下所發展的雙元
（dual）認同，亦即，因各國特色而有不同的圖象印製，大致分為
6 種類型：[37](1)人物圖像（human figure）、(2)文化遺產（cultural
patrimony）、(3)國家盛典（state heraldry）、(4)工藝製品（artifacts）、
(5)特質（nature）、(6)文字內容（texts）。在人物圖象方面，是歐洲
貨幣最共同的影像，尤其亞歷山大帝（Alexander the Great）與羅馬
帝國（Roman Empire），而在歐元上的人物，包括比利時的國王
Albert Ⅱ、希臘的社會改革者 Eleftherios Venizelos、義大利作者
Dante Alighieri、法國的 Revolutionary Marianne 以及 Venus 女神
等。[38]（如圖 4-1 所示）

圖 4-1　歐元硬幣共同面

資料來源：http://ec.europa.eu/economy_finance/the_euro/coins7420_en.htm。

---

[37] Pauliina Raento, Anna Hamalainen, Hanna Ikonen and Nella Mikkonen,
"Striking stories: a political geography of euro coinage," *Political Geography*
23, 2004, p.933.

[38] Pauliina Raento, Anna Hamalainen, Hanna Ikonen and Nella Mikkonen, *op. cit.*,
pp.937-941.

　　在文化遺產方面的圖像包括建築、美術與文學作品，例如德國的 Brandenburg Gate、維也納的 Belvedere Palace、羅馬競技場（The Roman Colosseum）、義大利的 Mole Antonelliana 以及 Castel del Monte 等。[39]國家盛典部分大致以國家的象徵主義為展現的重點，例如芬蘭的雲莓（cloudberry）與湖泊上的天鵝等。特質的部分則是展現出民族的認同與國家象徵主義，而歐洲國家的權力形象大都藉由動物或植物傳遞，例如芬蘭的獅子、德國的老鷹（羅馬人、查理曼大帝都視其為權力象徵）以及德國的橡樹等。在文字內容上，則包括國家名稱、格言與民族語言等。[40]（如圖 4-2 所示）

圖 4-2　歐元硬幣的各國圖像

資料來源：http://ec.europa.eu/economy_finance/the_euro/coins7456_en.htm。

---

[39] Pauliina Raento, Anna Hamalainen, Hanna Ikonen and Nella Mikkonen, *op. cit.*, pp.942-944.

[40] Pauliina Raento, Anna Hamalainen, Hanna Ikonen and Nella Mikkonen, *op. cit.*, pp.944-950.

二、紙鈔（banknote）部分

就歐洲各國紙鈔部分的圖象而論，有 81%是人物圖象，而在人物圖象中 92%是男性，其中，國王或國君佔 18%、作家佔 12%、11%是詩人、8%是政治家、神父與修道士則佔 7%以及 5%的畫家與藝術家。[41]不過，就歐洲而言，缺乏具有共識與代表性的政治家，也無法藉此散播人們的感情以及反應出更廣泛的利益。所以，歐元紙鈔是以建築與工藝為主軸，例如，5 歐元紙鈔是以傳統羅馬建築為背景，10 歐元紙鈔的圖象則是羅馬式（Romanesque）教堂的門拱與橋樑，20 歐元紙鈔的圖象是哥德式（Gothic）教堂窗戶，50 歐元紙鈔則是文藝復興（Renaissance）的建築風格，100 歐元紙鈔是巴洛克式（Baroque）與洛可可式（Rococo）風格，200 歐元紙鈔是鐵造與玻璃式建築，而 500 歐元紙鈔則是 21 世紀的現代化建築風格。[42]（如圖 4-3 所示）

---

41 T. Unwin and V. Hewitt, "Banknote and national identity in central and eastern Europe," *Political Geography* 20, 2001, p.1018.

42 Matthias Kaelberer, "The euro and European identity: symbols, power and the politics of European monetary union," *Review of International Studies* 30, 2004, p.170.

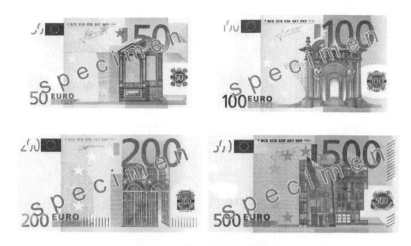

圖 4-3　歐元紙鈔的圖像

資料來源：http://ec.europa.eu/economy_finance/the_euro/banknotes7483_en.htm。

　　準此，歐元紙鈔上的圖像，是以歐洲文藝復興時期的建築風格、巴洛克與羅馬時期的風格以及歌德式的教堂為主的文藝風格，顯見文化的共同性是其重要的考量依據，當然，藉此強化貨幣認同之際，也將其提升至政治認同的層次。

　　綜合以上分析，不論是硬幣或紙鈔的設計上，兼顧共同理念與個別國家的差異，不僅希冀建立與歐洲的共同傳統連結，藉以透過共同的歷史記憶，包括人物、傳統的古代文化遺產、文藝復興時期與啟蒙時期的建築、國家特質等，在貨幣使用之際，傳遞與分享歐洲人的歷史經驗，並建立對貨幣與共同文化認同的結合，更讓各國能在發行的貨幣中，保留各自的特色，在雙元認同發展下，建立共同的認同。

貳、歐元的政治認同
——「經濟暨貨幣聯盟」（EMU）政策之意涵

　　歐盟所推動的「經濟暨貨幣聯盟政策」，有著提升歐盟整體整合歷程的意涵。而 EMU 政策所代表的意義為何？主要可從以下兩方面來了解：第一、在貨幣聯盟層面：

一、發行新的單一貨幣以取代各會員國個別所使用的貨幣

(一) 歐洲貨幣聯盟主要的任務即發行一種能與各會員國個別國家所使用的貨幣，在其所代表的意義上，相互齊值（等值）的單一貨幣，以取代各會員國現有的貨幣流通。

(二) 設立一個最高管制機構——「歐洲中央銀行」負責管理與發行單一貨幣。

(三) 歐洲中央銀行負有達成平衡、穩定物價之責。

(四) 以歐元做為各會員國間流通之貨幣

　　歐盟會員國將採行新的單一貨幣——歐元，此一貨幣將在會員國之間作為貨幣的流通單位，包括在商品以及各項服務的支付、外匯及股市交易以及會員國政府的債務事宜，均將以歐元為支付單位。

二、單一貨幣的實施

參與貨幣聯盟的 11 個會員國之貨幣匯率將自 1999 年 1 月 1 日起固定，而且維持不變。一旦歐洲貨幣聯盟的信心建立之後，歐元將成為實行單一貨幣區域內的主要使用之貨幣，進而取代各會員國各自所使用的 11 種貨幣。

三、歐洲貨幣聯盟推行的歷程時間進度表

歐盟在推行貨幣聯盟時，依據實際情況的需要，制定出整合的時間表，以利單一貨幣的實施。以下便將其所制定的時間進程，予以介紹：

（一）第一階段

1992 年 2 月，藉由馬斯垂克條約的簽署，開啟歐盟在 20 世紀結束之前，創建歐洲經濟及貨幣聯盟的目標。根據「戴洛報告」與馬德里高峰會議（Madrid Summits）的決議，[43]自 1990 年 7 月 1 日起，正式進入 EMU 的第一階段。[44]此一階段的進度在於：單一市

---

[43] Trevor Salmon and Sir Willaim Nicoll, *op. cit.*, pp.224-228.

[44] Emmanuel Apel, *European Monetary Integration 1958-2002* (Great Britain: Creative Printed and Design, 1998)，pp.102-113；Kemmeth Dyson, *The Process of Economic and Monetary Union in European* (London: Longman, 1994),pp23-41；Barry Eichengreen and Jeffry Frieden, *The Political Economy of European Monetary Unification* (USA: Westview Press, 1994)，pp.6-28；

場的整合、結構基金（Structure Fund）的改革，以強化區域均衡的發展，以及貨幣與匯率政策的協調。

（二）第二階段

1994 年 1 月，第二階段開始實施。[45]各會員國依照立法程序建立「歐洲貨幣機構」（EMI）以作為「歐洲中央銀行」的過渡時期機構。此階段的重點在於以 EMI 加強與各會員國中央銀行的合作，協調會員國貨幣與經濟政策。

（三）第三階段

1999 年 1 月 1 日起，第三階段開始。[46]主要的工作在於參與 EMU 的各會員國間之貨幣匯率將其固定，採行單一貨幣政策及使用統一貨幣歐元，並對於歐洲中央銀行的運作程序做出最後的決定。一旦各會員國達到匯率穩定、低通貨膨脹、低及穩定之政府赤字等經濟條件，即發行單一貨幣。

第二，在經濟聯盟層面：

Jurgen von Hagen, *The European Monetary System and European Monetary Union* (USA: Westview Press, 1992)，pp11-18；H. M. Scobie, *European Monetary Union—The way forward* (Great Britain: T.J. International Ltd, 1998), pp.40-53.

[45] Emmanuel Apel, *op. cit.*, pp.122-136；Kemmeth Dyson, *op. cit.*, pp.73-91；Barry Eichengreen and Jeffry Frieden, *op. cit.*, pp.31-47；Jurgen von Hagen, *op. cit.*, pp.21-38；H. M. Scobie, *op. cit.*, pp.61-83.

[46] Emmanuel Apel, *op. cit.*, pp.142-156；Kemmeth Dyson, *op. cit.*, pp.101-122；Barry Eichengreen and Jeffry Frieden, *op. cit.*, pp.51-67；Jurgen von Hagen, *op. cit.*, pp.48-65；H. M. Scobie, *op. cit.*, pp.92-107.

　　經濟聯盟為 EMU 另一個重要的目標，其主要的意涵包括：

(一) 各會員國在人員、財貨、勞務及資本方面得以自由流通之單一
　　市場。

(二) 強化歐盟市場機能為目的之競爭政策以及其他相關的政策。

(三) 針對結構的改變與區域發展制定出共同一致的政策，進一步對
　　區域內各國的經濟政策做階段性的協調，逐漸廢除經濟政策的
　　差異。

(四) 協調預算政策限制規定在內之總體經濟政策。[47]

　　由此可知，EMU 的政策目標是將歐盟整體導入完全整合的經
濟領域之中。當然，在 EMU 所促成的經濟整合歷程中，也涵蓋了
部份的政治整合情境，藉由 EMU 的整合效益，使歐盟向政治整合
的終極目標，更向前跨越了一大步。（相關歷程請參閱表 4-1）

　　從歐元的設計到各會員國的政策產出上，歐洲傳統文化的代
表，包括人物、重要工藝與建築，都是形塑歐洲人民文化象徵的指
標，將其印製在代表具有國家主權意涵與象徵的貨幣之上，更有著
延續文化認同的歐洲統一理念。而在共同貨幣的政策推動上，除了
共同利益的認知提供會員國學習與信任關係的架構，亦代表著歐洲
各國對於釋放部分主權的認同，更有助於超國家組織政策的推動，
也是通往歐洲統一的另一途徑。

---

[47] Wyn Grant, *The Politics of Economic Policy* (Great Britain: Biddles Ltd, 1993) , pp.191-194.

參、各國加入 EMU 在經濟層面之利弊得失分析

就歐盟的會員國而言，為何對於 EMU 的興趣濃厚，主要是基於 EMU 可以創造相當可觀的利益。大體而言，EMU 創造並形成的吸引力包括：促成歐盟更進一步政治整合的催化劑，藉由單一貨幣所帶動的經濟利益，以及擴大自由流通的財貨與勞務之單一市場等。也就是說，EMU 的成效可將歐洲整合推向新的高峰。以下便針對 EMU 所形成的利弊得失，以及各會員國所考量的因素為何，做進一步的剖析：

一、在經濟層面的誘因

EMU 的成立與歐元的起跑，就經濟領域而言，將可以帶來預期的利益包括了：

（一）各會員國之間的匯率與交易成本將會降低

在 EMU 成形之前，歐洲國家分屬不同的經濟個體，各國貨幣不一。複雜的匯率轉換與匯兌風險的問題，嚴重阻礙了股市與債券市場的發展，而 EMU 在本質上是一單一市場的運作，藉由單一匯率的實行，歐盟跨國交易、投資等相關交易成本，可望藉由機制的運作而被消除。長期而言，將會降低交易風險、強化經濟的利益擴大。

（二）增加通貨膨脹率的穩定

　　藉會員國之間高度共識所組成的歐洲中央銀行，將負起在會員國之間維持貨幣秩序的責任，防止會員國為擴張本身經濟而過量增加貨幣供給，使得物價穩定度會被提高，進而穩定通貨膨脹的波動幅度。當然，也有助於會員國之間價格差異的降低，更利於消費者與製造業者。

（三）有利於資本市場規模的擴大，增加投資的機會[48]

　　未來歐元發行之後，資本市場規模擴大，其流動性提高，加上歐洲的退休基金快速成長，這使得機構投資人可以投資海外資產的比例大幅增加，因而強化機構投資人與基金經理人的角色。再者，歐洲資本市場規模的擴大，相對吸引更多國外資金的湧入，這使得歐洲資本市場規模將擴大，並且增加國內外的投資機會。

（四）新興市場的開放，創造無限的商機

　　EMU 的成形，最大的意義之一莫過於將各會員國的市場藩籬，予以完全的解除。藉由市場的單一化，各會員國間不論財貨、勞務、商品等，都能自由流通，而且在單一貨幣之下，價格透明化。如此廣大的市場，將是各會員國之間與國際社會所關注的焦點。

---

[48] Paul De Grauwe, *The Economics of Monetary Integration* (Oxford: Oxford University Press, 1994), pp.202-208.

（五）避免貨幣的浮動與不穩定所造成的成本[49]

藉由單一貨幣——歐元的實施，可消除各會員國之間因採行不同通貨所伴隨而來的匯兌損失與風險。當然，也可避免因貨幣的升值或貶值所帶來的成本。

（六）金融界與企業界的垂直整合，以強化跨國競爭[50]

在 EMU 實行之後，歐洲即將成為資金無國界的競爭區域。不論金融界或企業界都必須在歐元金融市場中取得一席之地，以增加本身在跨歐盟國家的競爭力。如此，金融業與企業界的重整、併購行動將方興未艾，以期在未來跨國的競爭之中，脫穎而出。

（七）歐元發行將對美元地位形成壓力

歐元成立之後，對於美元獨大的局面，將會形成挑戰。美國佔全球經濟約 21%，和歐盟各會員國總和相當。但是到 98 年底為止，美元佔全球外匯存底的 56.4%，而歐洲各國通貨只佔全球的 26%。[51]如今歐元的實施，歐洲外匯交易大為減少，再加上歐洲匯率的穩定，將吸引全球資金的流入，美歐兩強隔海抗衡之勢儼然浮上台面，美元獨大的地位勢必遭受歐元的撼動。

---

[49] Jurgen von Hagen, *op. cit.*, pp.161-163.

[50] Barry Eichengreen and Jeffry Frieden, *The Political Economy of European Monetary Unification* (USA: Westview Press, 1994), pp.167-190.

[51] 自由時報，版 10，1998.12.29。

（八）減緩各會員國失業率的差距

藉由貨幣的統一，將使歐元區域內的就業市場趨於一致。因為，經濟的高成長率將逐漸流向較為貧窮的地區，而歐元使用國將大幅放寬經濟管制，這也有助於緩和各國失業率的差距。

二、EMU 在經濟方面所形成的成本

當然，EMU 的實施亦會對歐盟帶來損失，以下便就其所可能產生的成本及損失，進一步來加以分析：

（一）各會員國短期利率的不一致性所形成的損失

對於加入 EMU 的各會員國在調整經濟體質的過程中，由於處於不同的景氣循環，各國在短期利率水準上呈現高達 2 個百點的差距。[52]如何拉近彼此之間的利率差距，就成了歐盟在未來必須調整的方向。不過，若調高短期利率將導致處於復甦的經濟受到抑制，例如，法國、德國兩國正處於經濟復甦期，調高短期利率將對其造成負面的影響。相反的，若調降利率，將造成義大利或芬蘭等處於景氣擴張的國家，形成通貨膨脹與景氣過熱的惡化現象。所以，短期利率的調整問題，將形成歐盟不可避免的損失。

---

[52] 葉金江，〈歐元之前景與投資價值──談歐洲貨幣統一面臨之考驗與影響〉，《貨幣觀測與信用評等月刊》，第 12 期，1998，頁 82-90。

（二）參與國將失去對於利率政策的自主性

加入 EMU 的國家，在採用共同貨幣的情況下，將喪失獨立採行財政、貨幣政策的主導權。再者，由於各國的景氣循環週期差異相當大，各國無法透過採行不同的利率與匯率以因應經濟衰退的衝擊。如此一來，對於目前已偏高的失業率亦是一大隱憂。

（三）無法確保物價的穩定

歐洲中央銀行能否維持其獨立性將是維持物價穩定與否的先決條件。但是，即便其獨立性不受影響，仍無法確保物價的穩定能夠維持，因為物價的穩定必須經由長期的努力才能獲致，絕非一蹴可及。所以，物價的穩定與否將使得部份物價穩定高的國家受到衝擊。

（四）過渡時期因不確定因素而形成的損失

由於距離 EMU 全面使用歐元的過渡時期長達三年（1999 至 2002 年），一方面由於歐盟對於哪些會員國可以如期加入 EMU 或是是否降低「一致性標準」時有爭議。當然，若「一致性標準」發生撼動，則 EMU 將無法繼續施行。另一方面，因為會員國通貨與歐元之間的匯價訂定是根據談判的結果，而非透過市場的供需加以決定，在信心不足的情況下，將造成金融市場的不穩定，不僅有礙於 EMU 的發展，更有可能影響政治整合的前景。

（五）增加其他會員國勞工移入的風險

　　EMU 的重要目標之一，即為財貨、勞務、商品的自由流通。當 EMU「一致性標準」無法達成時，將會增加經濟較落後會員國的勞工向其他較進步的國家流通。如此一來，將增加經濟較進步會員國如德、法等國的就業與社會問題。[53]

肆、各國加入 EMU 在政治層面之利弊得失分析

　　無庸置疑的，EMU 是一個超國家架構的整合模式。各會員國所擁有的經濟決策權力，將在 EMU 的架構下，移轉至新建構的歐盟機制上。當然，各會員國所讓渡的經濟決策權力看似經濟領域的權力，但就其本質而言，卻是屬於政治層面的決策權力。換言之，EMU 的整合成功與否，將直接對於政治整合的前景，形成重大的衝擊。以下便就 EMU 在政治領域所帶動的衝擊，一一予以分析。

一、就促進歐盟內部政治面向的利益而言

（一）擴展各會員國對於歐洲整合的範圍

　　藉由 EMU 的成功推動，各會員國會兼顧本身之利益與立場，以及促進整合範圍之擴展的情形下，讓渡國家的主權，並針對特定

---

[53] Martin Feldstein, "The Political Economy Of European Economic And Monetary Union: Political Sources of Economic Liability," *National Bureau Of Economic Research*, 1997, pp.2-33.

事項共同分享會員國的主權。經由此一良好的互動模式,逐漸將合作的效益延伸至政治層面。

（二）歐元的推動帶動更進一步的政治整合

歐元的創立不僅代表各會員國在經濟政策面的結合,其背後更隱含著深層結合的開始。一方面,單一貨幣不僅促使單一市場的真正落實,強化經濟整合的契機,歐盟藉此可繼續向安全、外交層面的政治合作邁進,為政治整合的遠景鋪路。另一方面,歐盟整合的終極目的,乃是要促成全歐洲的整合,尤其在蘇俄解體之後與中、東歐國家的結合,成為二十一世紀歐盟的重大責任。

（三）增進各會員之間歧見的化解

EMU 成立之後,將有助於歐盟國家間共識的凝聚,在藉由政策制定機制的運作,將共識的範圍更加擴大。從經濟層面共識的形成進而向政治領域的共識而推進,如此,不僅可以消除各會員國間的戒心與疑慮,更可以向更具實質意義之政治整合的目標跨進一大步。當然,更可促使一個政治更穩定的歐洲出現。

二、提升對國際社會的影響力而言

（一）提升對鄰近區域的政治影響力

毋庸置疑的,歐盟實施單一貨幣政策之後,必然加速與其鄰近國家間的區域合作,藉由經貿實質關係的進展,搭配本身的政治影響力,強化歐盟在其鄰近國家（包括南歐、部份東歐國家）的政經

實力，進而擴大與鄰近國家區域合作的範疇，向提升國際政治地位的目標推進。

（二）提升歐盟在第三世界國家的實力

藉由上述區域合作關係的拓展，將觸角延伸至第三世界國家，經由經濟合作關係的開展與深化，奠定歐盟在第三世界國家的合作態勢，並強化與加速推動相關的經貿政策，進而由經濟層面的合作拓展至政治領域，提升歐盟在第三世界國家的影響力。

（三）爭取世界強權的地位

單一貨幣政策所呈現出最重要的國際政治效應之一，乃是歐盟將藉由歐元的影響力而與美國爭取對等的地位。未來有關於歐洲區域安全議題或是國際經貿議題，歐盟都將因之而增強其影響力。當然，歐盟在國際政經舞台上，將有著舉足輕重的地位，也有與美國並駕齊驅之態勢。

三、政治面向的損失

（一）增加法德兩國的不合

歷史上法德兩國的仇恨，在歐洲煤鋼共同體（ECSC）成立之後，由於 ECSC 提供法德合作的管道以及和平相處的經驗，使得兩國間的歷史情仇有了趨於和解之勢。不過，在 EMU 政策之中卻又見兩國的對立。對於歐洲中央銀行總裁人選的爭議，德國全力支持原歐洲貨幣機構（EMI）總裁杜森柏格出任，但法國有鑑於歐洲中

央銀行主導歐盟經濟以及貨幣決策的權力，不願見到德國所支持的
人選當選，進而掌握歐洲中央銀行的運作。於是，執意提法國銀行
總裁特里薛競逐。這一個舉動凸顯德法在柏林圍牆倒塌之後，形成
的衝突點以及爭奪歐盟領導權的態勢。

（二）政策協調的問題

政策的協調是屬於政治面的範疇，涉及到國家主權和歐盟內部
權力分配等敏感性問題。一旦英國決定加入 EMU，歐元區域可能
面臨權力重新分配和政策觀念的衝突。[54] 目前佔主導地位的德法兩
國勢必受到變動，英國加入主導的集團內，能否與德法甚至義大利
等國維持良性互動，仍是一個未知數。當然，這對於歐盟的整合模
式是否造成負面的影響，尤其是涉及實質層面的政策協調，能有待
觀察。

（三）失業問題將導致各會員國政府的壓力

EMU 政策的目標之一，是降低各參與國的失業率。不過，能
否完全的達成此一目標，亦屬理論上的推測。如此，若 EMU 政策
無法改善嚴重的失業問題，將直接影響各國民意對政府的支持度，
影響繼續執政的可能。1996 年法國居沛（A. Juppe）政府堅持要把「就
業憲章」與促進經濟成長納入「馬斯垂克條約」中，甚至不惜與優先

---

[54] 劉復國，〈英國與歐洲共同體：國家利益與區域整合的矛盾〉，《歐美研究》，
第 25 卷，第 3 期，1995，頁 95-121；劉復國，〈英國加入歐洲貨幣整合的
展望：政治經濟理論的探討〉，《中央研究院──歐洲聯盟經貿政策學術研
討會論文集》，1998，頁 1-26。

維持歐元方案為強勢貨幣的德國發生爭執，[55]就不難明白嚴重的失業問題不但影響各國的政策走向，也可能對於歐元的實施產生衝擊。

（四）信心的風險

　　從部份參與 EMU 的會員國民意調查顯示，[56]歐盟會員國人民對於歐元普遍並無十足的信心，若是歐元在三年的過渡期中並沒有達成預期的目標，尤其是失業率方面的問題，歐盟將有可能要承擔歐洲再度分裂與爆發財政危機的風險，這連帶的效應將會擴及全球。誠如法國總統席哈克在 1999 年元旦演說中所提到，「歐洲歷史源遠流長而前路漫漫，歐元將改變歐洲，乃至更重要的，是人們的心態。」所以，信心的建立將有助於歐元帶動的歐洲安定，進而使歐洲更有力量因應全球政治強權的挑戰。

　　根據以上的論述，作者再以歐洲經濟貨幣政策的歷程進行分析。由表 3-1 可知，從 1948 年歐洲經濟合作組織設立開始，歐洲（西歐國家）的發展就「鎖定」在經濟領域，雖然，在「歐洲聯盟條約」的簽署過程中，英國與丹麥反對，形成歐盟制度的「關鍵轉捩點」，繼而造成制度變遷，亦即，其他會員國給予這兩國「退出權」（opt-out），卻仍是讓政策的路徑鎖定朝向單一貨幣的目標發展。對於 EMU 的發展歷程而論，早在 1828 年，普魯士建立的關稅同盟、巴伐利亞邦的關稅同盟、中德的消費聯盟、德意志關稅同

---

[55] 吳東野，〈歐洲單一貨幣的前景──政治面的觀察〉，《經濟前瞻雙週刊》，第 58 期，1998，頁 46-49。

[56] 參見歐盟民意調查網站：http://europa.eu.int/en/comm/dg10/infcom/epo/eo/eo 13/13.txt-en.html。

盟、北德稅務聯盟立，[57]成為影響經濟發展的歷史事件，亦讓經濟
議題的整合制約歐洲的發展態勢，而會員國在報酬遞增的獲益下，
以及同儕國家間的群集效果，甚至在強權國家的主導與國際組織的
催化，使得會員國在歷史序列下，建構制度的運作，這與歷史制度
論與國際社會化的歷程鑲崁。

表 4-1　歐洲聯盟經濟整合之歷程表

時間	重要議題
1948 年 4 月	創設「歐洲經濟合作組織」（the Organization for European Economic Cooperation, OEEC），以配合馬歇爾計畫的推展。
1951 年 4 月	德、法、義、荷、比、盧六國簽署《巴黎條約》，建立「歐洲煤鋼共同體」（European Coal and Steel Community , ECSC），其目的在於設立六國間之煤礦與鋼鐵共同市場。
1957 年 3 月	德、法、義、荷、比、盧六國簽訂《羅馬條約》，創立「歐洲經濟共同體」（European Economic Community, EEC）以及「歐洲原子能共同體」（European Atomic Energy Community , Euratom）。《羅馬條約》主要的目的在於促進會員國間的資金、勞工、商品、服務等自由流動及設立對外共同貿易、農業及交通政策。
1958 年 1 月	《羅馬條約》正式生效。1973 年英國、愛爾蘭、丹麥加入，希臘於 1979 年加入，葡萄牙與西班牙於 1986 年才加入，而奧地利、芬蘭、瑞典於 1995 年加入。
1962 年 1 月	通過「共同農業政策」（Common Agriculture Policy, CAP）以求達到農產品的單一市場，以及經由「歐洲農業指導暨保證基金」（European Agricultural Guidance and Guarantee, EAGGF）以促進財政的團結。
1968 年 7 月	「關稅同盟」開始運作，撤除德、法、義、荷、比、盧六國間的關稅障礙，並對外實施統一的關稅制度。
1971 年 3 月	六國採納《魏納計畫》（Werner Plan）的建議，加強經濟政策面的協調。
1972 年 4 月	通過《貝勒協定》（Bale Agreement），即「歐洲共同界限協定」（European Common Margins Agreement）就是一般所稱之「蛇行浮動匯率體系」。規定各會員國對美元匯率的中心匯率在上下各 2.25% 的範圍內波動。

[57] Mattli, *op. cit.*, 1999, p.1.

1978 年 7 月	在法、德的建議之下，「布萊姆高峰會議」（Bremen）中，同意採取共同策略以達成較高的經濟成長率及降低失業率，並就設立「歐洲貨幣體系」（European Monetary System, EMS）的原則達成協議。
1979 年 3 月	EMS 開始運作，成立歐洲通用貨幣 ECU（European Common Unit）。
1986 年 2 月	《歐洲單一法》（Single European Act, SEA）簽署，並計畫於 1992 年 12 月 31 日前完成內部單一市場的準備工作。
1989 年 4 月	「狄洛委員會」提出「經濟暨貨幣聯盟」（Economic and Monetary Union）的報告，主張以三階段完成。
1990 年 7 月	「經濟暨貨幣聯盟」進入第一階段，主要任務在於單一市場的完成、尋求會員國對於經濟暨貨幣政策之密切合作。
1991 年 12 月	EEC 改名為歐洲聯盟（European Union）。簽訂馬斯垂克條約（Maastricht Treaty）訂定 EMU 整合之「一致性標準」。
1992 年 9 月	ERM 危機產生，英國在不敵索羅斯及其他國際投資客共同炒作英鎊兌馬克雙邊匯率，宣佈退出 ERM。
1993 年 11 月	馬斯垂克條約正式生效，歐洲單一市場開始實施，保障歐盟市場內資本、人力、和服務之自由流通。
1994 年 1 月	「經濟暨貨幣聯盟」第二階段開始，設立歐洲貨幣機構（European Monetary Institute, EMI），其目的在於加強各會員國央行的合作。
1995 年 12 月	馬德里高峰會議決議將歐洲通用貨幣（ECU）改名為歐元（Euro），並決定於 1999 年實施。
1996 年 11 月	新匯率機制 ERM-2 成立，取代歐洲匯率機制 ERM，允許歐盟國家通貨對歐元波動幅度為 15%。
1996 年 12 月	會員國簽訂穩定及成長協議（Stability and Growth Pact），約定自 1999 年起，各會員國之財政赤字佔其國民生產毛額比重超過 3%，將對超過的會員國處以罰金。
1997 年 6 月	阿姆斯特丹會議決定將歐洲貨幣體系（EMS）自 1999 年 1 月起由新匯率機制 ERM-2 來取代。
1998 年 5 月	布魯賽爾會議決定加入 EMU 的國家及歐洲中央銀行的總裁、副總裁及 4 位執行董事，並以 ERM 之中心匯率為會員國之兌換標準。
1998 年 6 月	成立歐洲中央銀行，原先的歐洲貨幣機構則在達成階段任務後而結束。
1999 年 1 月	EMU 第三階段開始，單一貨幣、單一利率之實施。
2002 年 1 月	歐元紙鈔及錢幣開始流通，各會員國之紙鈔及硬幣開始回收。
2002 年 7 月	歐元成為單一法定貨幣，各會員國之紙鈔及硬幣停止流通。

資料來源：作者自行整理

第四節　會員國對於 EMU 的態度及策略

在探討歐盟各會員國對於 EMU 政策的態度之前，必須對本節所要探討的幾個概念予以釐清，如此，將有助於分析各會員國本身的態度及偏好。

壹、相關概念分析

歐洲貨幣制度（European Monetary System，以下稱 EMS），歐洲貨幣制度包括了幾個重要的方案：

一、歐洲通用單位（European Currency Unit, ECU）[58]

各會員國在擁有各自貨幣的前提之下，採行歐洲通貨單位以作為匯率的機制之價值標準以及各會員國貨幣機構之間清算之工具。但是 ECU 仍屬於一計價單位，並非實際存在的貨幣。

---

[58] Dieter Wolf and Bernhard Zangl, " The European Economic and Monetary Union: Two level Games' and the Formation of International Institutions," *European Journal of International Relations*, Vol.2, No.3, 1996, pp.355-393; Martin Feldstein, " The Political Economy Of European Economic and Monetary Union : Political Sources Of Economic Liability," *National Bureau of Economic Research*, 1997, pp.2-33；張亞中，前揭書，1998，頁 196-197。

二、匯率機制（Exchange-rate Mechanism, ERM）

　　為了挽救美國破壞史密斯松寧協定（Smithsonian Agreement）所形成歐體會員國所採行的「蛇行浮動」（snake in the tunnel）以及「隧道外蛇行浮動」（snake outside the tunnel）匯率制度所導致嚴重的通貨膨脹，於是成立新的 ERM。

　　當然，EMS 的制度在 1979 年 3 月在歐盟內開展，歐盟出現以 ECU 為共同計價單位以及在匯率機制上達成共識。不過，ECU 並不是實際的貨幣，遠不及單一貨幣所帶動的經濟利益，再者，在此一機制內國家，其貨幣匯率的變化都會直接影響其他會員國貨幣匯率和法定中心匯率的變動。而且，在 EMU 推動之後，EMS 的制度將被取代。

三、並行操作的貨幣概念（a parallel-currency concept，以下稱 PCC）

　　在此概念下，歐盟會員國創造一歐洲貨幣並且與各國的貨幣相互競爭，亦即在歐洲共同擁有的貨幣之外，各會員國仍保有本身的貨幣，同時也保有對本身貨幣的權限，並藉由政府之間的合作來處理共同貨幣事務。當然，在保有會員國各自貨幣的前提之下，各國不須將本身的經濟主權讓渡給超國家的機構。不過，藉由政府間的合作來處理共同貨幣事務，似乎缺少了客觀的標準與制度的建立，亦缺乏共識凝聚的合作基礎。

四、維持各國的匯率浮動（Float）

此一概念在於若各會員國並未形成貨幣共識的情形之下，各國將維持各自的匯率浮動，亦即各自解決本身所面臨的問題。當然，對於歐洲整合的開展，無疑是回到了原點。

面對冷戰結束後的國際情勢演變，歐盟會員國強化並加速歐洲的整合腳步，以因應情勢的變動。其中包括了歐盟在決策機制的組織化與制度化，並且擴大合作的領域與範圍。當然，最為考驗歐盟整合能否跨越各會員國主權與利益的，應屬於經濟暨貨幣聯盟（EMU）的成立。EMU 的制定雖為經濟層面的政策，實際上卻是屬於政治面的決策，這對於歐盟邁向政治整合的終極目標，有著決定性的影響。對於歐盟而言，上述的四個概念，主要是當時（1988-1991 年）歐盟會員國間所考量、談判、協議的方案。以下便就前述的觀點來分析 EMU 如何在歐盟中形成決議。

貳、各會員國對於四個方案的偏好

一、德國的偏好與考量

（一）政治層面的考量

二次戰後的德國，在國際社會所扮演的是被動的角色。因為德國無法追求軍事與領土的自主性，而只能藉由創造有利於本國的國

際市場，形成區域及全球的經貿互賴。在德國統一之後，基於本身的經濟實力、民族主義情結，使德國邁向世界強權的心態，漸趨成形。若德國政府以其自身的力量擠身於世界強權之林，固然指日可待，不過，除了面臨來自國際社會的壓力之外，歐盟會員國亦會對其採取不信任的心態，影響最深的，莫過於法國。由於德法之間的情結，從普法戰爭到兩次的世界大戰，法德之間的對立情勢將有可能再度引燃。這對於德國而言，非但不是助力反而是阻力，對於歐盟整體而言，更可能破壞合作的契機。當然，德國希望在歐洲建立起政治權威，而 EMU 成為戰後國際組織中，第一個讓德國在政策制定中扮演要角的決策。所以，德國希冀結合歐盟整體的力量，提升其在世界舞台的影響力。當然，歐盟的合作範圍越廣，德國的影響力便能拓展至更多的領域之中，這對德國則越是有利，因為，在歐盟中，德國仍是具有影響力的國家。

（二）經濟層面的考量

能結合歐盟各國的力量，將有助於德國提升在其國際社會的影響力。而 EMU 在經濟上所帶動的利益，除能避免貨幣的浮動與不穩定，消除匯兌損失，避免貨幣升值或貶值所形成的不利影響，並擴大財貨、勞務的自由流通等對於經濟成長所形成的正面效果。當然，更能藉由此一經濟層面所促成的整合態勢，開展政治層面的合作範圍，並擴展到外交、司法、內政等領域。德國可從開展其在歐盟的影響力，逐步擴展至國際舞台，圓其成為世界強權的夢想。

（三）偏好考量

對德國而言，EMS 與 EMU 的差異在於：在 EMS 制度下，各
會員國保有各自的貨幣，各會員國間則以 ECU 作為清算的工具及
計價單位，而 ECU 並非是實際存在的通貨。相較於 EMU，其無法
避免匯兌的損失、以及降低交易成本，對於政治合作的開展，更是
無法與 EMU 相比，而且，會促使各國的衝突。當然，德國以其經
濟實力，易於影響 EMU，相較於 EMS，德國在 EMU 中所擁有的
影響力與超過其在 EMS 中的地位。而 PCC 與 EMS 相較，前者雖
創造一歐洲貨幣並與各會員國各自的貨幣相互競爭，但是，當各國
面臨本身貨幣與共同貨幣出現衝突時，各會員國所觀注的焦點為
何？若藉由政府間的合作來解決衝突，各國的態度能否以歐盟整體
利益作為考量，將難以得到保證。所以，德國對於決策的態度偏好
為：EMU＞EMS＞PCC＞Float。

二、法國的偏好與考量

（一）政治層面的考量

法國曾是一個稱雄歐洲、影響世界的強國。其傳統的對外政
策，乃是秉持恢復「法蘭西光榮」為使命，希望能走出戰後的陰影，
重建法國在歐陸及世界強權的地位。對於歐盟事宜，法國採取的態
度為法國領導、法德合作為基礎的聯盟。藉由法德同盟來主導歐洲
的架構，使得法國成功的加深對歐洲機構的影響力，並以法國優先
及其他國家次之的角度，指引歐洲的發展方向。不過，法德之間的

歷史情結形成彼此的不信任感，促使法國希望藉由歐盟的整合與法律及制度的規範，將德國納入歐盟的體制之下，一方面能穩定歐洲的發展，另一方面則能牽制德國。當然，政治合作能否促成，將會對法國的地位有著直接的影響，如同德國的心態，法國亦希望結合歐盟的整體力量，成為主導歐洲關鍵政策的主要核心國家，進一步強化其在國際社會的影響力。所以，政治整合能否在歐盟生根，將是法國所關注且推動的重點。以歐盟整合的態勢分析，經濟層面整合的成功與否，直接牽動政治合作的開展。所以，推動 EMU 以強化經濟面的整合，是法國的政策傾向。

（二）經濟層面的考量

能否避免貨幣浮動、降低失業率、降低通貨膨脹率以穩定經濟的成長，是法國所考量的重點。所以，法國可能比德國更需要一個較為寬廣的歐洲貨幣聯盟。如此才能向上述的經濟效益更向前邁進。而 EMU 的實施，能夠符合法國所期待解決的問題，亦可加強經濟整合的深化，促成政治合作的開展。這使得法國願意推動並主導 EMU 的制定。

（三）偏好考量

對法國而言，PCC 無法解決貨幣浮動與失業率的問題，反而會形成各國在貨幣政策上的衝擊，對於歐盟的合作契機反而會有倒退的情形發生。而 EMS 僅藉由匯率機制來維繫各會員國之間的行為，仍缺乏規範性的強制力量，如此，法國將無法主導及經濟實力無法提升的雙重影響下，在進入 21 世紀和面對未來挑戰時，將難

以發揮其影響力。所以，就長遠而言，EMS 仍無法達成 EMU 所帶動的經濟成長效益。而 Float 是維持現狀的一個方案，對於歐盟整合的開展並無實質的助益，更無法符合法國主導歐洲關鍵政策的目標。由上述分析可知，法國的偏好考量為：EMU ＞ EMS ＞ PCC ＞ Float。

三、英國的偏好與考量

（一）政治層面的考量

英國傳統的對外政策即以「三圈政策」為主體，包括了全球主義、大西洋主義與歐洲主義。基於歐洲主義的原則與歐洲國家維持著同步不同調的態勢。由歷史事實來看，英國在國際社會的地位舉足輕重，對於歐陸，亦有著成為歐洲領導者的期望。只不過，二次大戰對於英國的衝擊相當大，也使得英國喪失掌握主導歐洲發展的先機（因為從歐洲共同體的建立開始，即為德、法兩國所量身訂做）。在形勢上只有落為反應式的政策，做被動的政策配合者甚至批評者。不過，英國亦試圖在歐盟的機制之中，能調整其所扮演的角色，爭取領導歐洲的地位。所以，能夠在維持本身權限的前提之下，再尋求合作的契機，是英國所堅持的基調。

（二）經濟層面的考量

一國貨幣的權限是國家主權的象徵，貨幣整合是促成經濟整合的根本條件，而經濟整合的成效將會帶動政治整合的開展。英國政府認為單一貨幣政策對於目前金融自由化政策體制是一種開倒車

的行為，會形成保護主義的傾向。再者，英國懷疑單一貨幣政策的實施將使得倫敦金融中心地位被法蘭克福所取代，[59]而且英國絕不輕易放棄金融、貨幣的主權，更不會輕易變更經濟結構，即使單一貨幣政策能帶來經濟成長的正面效果。況且，英國對於 EMU 能否使各國調整到「一致性標準」，仍有疑慮，其態度是傾向漸進的方式，亦步亦趨的整合。所以，英國主張「並行操作的貨幣」制度，強化 ECU 的功用，不過，此一方案並未獲得德、法兩國的同意。

（三）偏好考量

　　對英國而言，在不變動國家主權的前提之下，是支持經濟整合，而且是希望採漸進式的整合模式，來促成更深的整合契機。90年代，英國保守黨政府創造出「歐洲企業中心」的形象，形容英國在創造工作機會、大規模民營化、吸引外來投資及培養和諧的勞資關係方面的成就，此一成效為英國產業提供競爭優勢，又不會刺激通貨膨脹的大幅提高。[60]如此，若在 EMU 的架構下，將使得英國在經濟層面上的效益，在「一致性標準」之下，勢必喪失許多。所以，英國希望在 EMS 的基礎下，若能建立起經濟整合的良好互動，接著才考量更進一步的經濟整合，再以 PCC 的方案來代替單一貨幣政策。所以，其偏好考量為：EMS ＞ PCC ＞ EMU ＞ Float。

---

[59] 沈玄池、洪德欽主編，《歐洲聯盟：理論與政策》，台北：中央研究院歐美研究所，1998，頁 53。

[60] 齊思賢譯，David Smith 著，《歐元啟示錄——轉捩點上的五條路》，台北：先覺出版，1999，頁 251-252。

四、義大利的偏好與考量

(一)政治層面的考量

二次戰後，身為戰敗國的義大利，希望能在國際舞台中重建起聲望。不過，其首要的工作是建立並維持本身在歐盟決策體系中的地位，藉由參與有利於歐盟整體利益的政策制定，來強化其影響力，穩定其在歐盟內的角色與地位。義大利是歐洲共同體六個創始會員國之一，絕對有資格成為歐洲進一步整合的核心。所以，藉由經濟整合的效益外溢至政治整合的開展，以強化歐盟在國際社會的影響力，對義大利而言，亦能藉此之便重返世界強權之列。

(二)經濟層面的考量

義大利的經濟發展雖然很快，由於公有企業連年虧損、社會福利開支過大、貪污腐敗現象嚴重，造成國庫空虛以及通貨膨脹率過高。[61]所以，義大利政府希望藉由 EMU 所帶動的經濟效益，來降低國內嚴重的通貨膨脹問題，以及減少交易成本所促成的整體經濟利益。當然，對於 EMU 是最直接的支持者。

---

[61] Karl Brunner and Allan H. Meltzer, *Money and the Economy: Issues in Monetary Analysis* (London： University of Cambridge, 1997), pp.145-152；齊思賢譯，前揭書，1999，頁 253-255。

（三）偏好考量

　　對於義大利而言，EMS 雖有固定匯率的機制，但無法與單一貨幣所形成的經濟利益相比，也不能促使義大利在經濟層面獲致效益。而 PCC 的合作模式充滿著不確定性，當里拉與歐洲共同貨幣在利率上形成競爭及衝突時，義大利能否顧及兩者的發展，這答案似乎相當明顯。再者，PCC 與 EMS 都無法解決義大利所面臨的經濟難題。而 EMU 所能帶動的經濟效益，吸引著義大利的目光，所以，根據分析可以了解義大利的偏好考量為：EMU＞EMS＞PCC＞Float。

五、比利時的偏好與考量

（一）政治層面的考量

　　比利時在歐盟內的政治地位屬於小國的行列，在歐盟政策制定的態度上，是以大國的意見與態度為考量，藉由與大國態度的同步同調來維持其政治地位。在歐洲整合的歷程中，比利時是一個提升本身地位及影響力的一個典範。由於比利時位於歐洲中心，又是執委會及其他歐洲機構的所在地，比利時扮演著歐洲中樞的角色。所以，順應大環境情勢的演變來決定策略考量，是比利時政府的決策基調。

（二）經濟層面的考量

偏高的公債（約佔名目 GDP 的 130%）及失業率（約 8.5%）的問題，[62]是比利時政府亟需解決的課題。基於國家利益的考量，對於歐盟政策的策略，主要是評估能否使國家獲得較大利益為前提，即便讓渡出部份的國家主權亦屬能夠接受的範圍。

（三）偏好考量

就比利時而言，支持 EMU、EMS、PCC 或是 Float 的政策，其前提在於大國的態度與整體利益考量的大環境因素。因為德、法、義等國均支持 EMU 政策，再加上比利時希望能在歐盟中提升自身的地位及影響力，所以與大國的決策採取同步同調的策略與考量，可使得比利時進入歐盟決策中心內。而其偏好考量為：EMU ＞ EMS ＞ PCC ＞ Float。

六、荷蘭的偏好與考量

（一）政治層面的考量

在國際社會中，荷蘭希望藉由提升歐盟的國際政治地位，來強化歐盟整體在國際舞台的影響力，以其地理位置和與其他歐盟國家的經貿關係來看，致力於歐洲整合的大業，將是荷蘭義無反顧的堅

---

[62] Daniel Barbezat and Larry Neal, *The Economics of the European Union and the Economics of Europe* (Oxford：Oxford University Press, 1998), pp.275-280.

持。所以，其首要工作是發展荷蘭在歐盟的政治地位，進而推動歐洲政治合作，加速開展政治整合的契機。

（二）經濟層面的考量

穩定並創造經濟持續的成長，是荷蘭政府所追求的目標。荷蘭在經濟發展上，尤其在通貨膨脹、創造工作機會及降低失業率方面，是歐陸國家中，表現最好的一國。當然，若能強化政策制定的影響力，也是荷蘭所追求的目標之一，藉由貨幣政策的參與和制定，不但有助於本身在歐盟經濟領域決策權力的提升，更有助於荷蘭在政治地位的開展。

（三）偏好考量

荷蘭政府對於加入 EMU 是既定的政策。當然，主要的考量還是基於其所帶動整體經濟的成長效益。況且能在歐盟之中擁有決策的權力，亦是吸引荷蘭支持的考量。所以其偏好考量為：EMU＞EMS＞PCC＞Float。

七、盧森堡的偏好與考量

（一）政治層面的考量

盧森堡圍繞在德、法、比等國家之間，加上本身在地理及人口的特性（地小人稀），在歐盟內屬於小國，對於歐盟整體決策的制定，希冀能考量小國的意見，保障小國的利益。當然，盧森堡是少數符合馬斯垂克條約中「一致性標準」的國家，而且，絕對不是「打

腫臉充胖子」。[63]況且，盧森堡一向同意將部份主權交予歐洲整合的機制，以維持其地位。所以，對於歐盟的整合歷程，都是相當的支持。

（二）經濟層面的考量

能夠提升整體經濟利益與成長的政策，盧森堡政府當然是列為優先考量。不過，對於財政、貨幣主權的移轉則持保留態度，需視歐盟的配套措施是否完善而定，否則，可能將盧森堡原有經濟發展成效向下修正。

（三）偏好考量

對盧森堡而言，支持 EMU 還是 EMS，有了一個較為彈性的空間。因為盧森堡的失業率低（約 1.2%），[64]較不如其他歐盟會員國嚴重，經濟發展也屬穩定，所以，較希望歐盟在制定政策之際能夠考量小國的意見。當然，藉此提高盧森堡在歐洲機制的比重，及擴大盧森堡在歐洲中央銀行的決策影響力，成為盧森堡加入歐盟與EMU 的動力。由上述可知其偏好考量為：EMU≒EMS＞PCC＞Float。

八、丹麥的偏好與考量

（一）政治層面的考量

對於北歐的丹麥而言，政府的立場是支持 EMU 政策。但是，民眾對於 EMU 卻是持反對的態度，基於強大的民意壓力，形成其

---

[63] 齊思賢譯，前揭書，1999，頁 261。

[64] Karl Brunner and Allan H. Meltzer, *op. cit.*, 1997, pp.145-152.

無法支持 EMU 政策。丹麥人民非常擔心歐洲整合轉向政治聯盟，當然，也畏懼歐盟強烈的天主教傾向。[65]

（二）經濟層面的考量

雖然丹麥政府支持 EMU，不過，其本身的社會福利政策使然，使其無法將財政的權力讓渡給超國家的機制。當然，民意對於單一貨幣政策的不信任，使得丹麥對於加入 EMU 需有一段觀察期。只不過，丹麥如果不加入 EMU，加上地處歐盟邊緣，未來最大的挑戰將可能是，如何不被貨幣強權的大軍壓境，以及其能不被排擠於門外。

（三）偏好考量

民意的壓力加上福利政策所牽動的主權讓渡問題，使得丹麥無法支持 EMU，加上民眾亦擔心 EMU 所牽動的政治聯盟。所以，僅能從不影響主權權力的方案中去尋求持。[66]所以其偏好考量為：EMS＞PCC＞EMU＞Float。

九、愛爾蘭的偏好與考量

（一）政治層面的考量

基於北愛爾蘭共和軍的威脅，愛爾蘭一方面希望藉由歐盟的整體力量來制衡北愛共和軍，另一方面，卻擔心身為小國的愛爾蘭無

---

[65] Petersen Nikolaj, "Denmark and the European Union 1985-96: A Two-level Analysis," *Cooperation And Conflict*, Vol.31, No.2, 1996, pp.185-210.

[66] Petersen Nikolaj, *op. cit.*, 1996, pp.185-210.

法在歐盟內發揮影響力。所以，如何提升其在歐盟的地位，是其關注的焦點。

（二）經濟層面的考量

對於愛爾蘭而言，EMU 政策所帶動的經濟成長以及失業率的降低，是相當具有吸引力。只不過，在財稅政策上的配套措施能否完善，是愛爾蘭所考量的依據，因為，根據愛爾蘭的稅制，在愛爾蘭居住者，必須就其全部收入（包括外國收入）來繳交稅款；在愛爾蘭居住但其收入不在愛爾蘭者，需依照其在愛爾蘭、英國的收入以及將收入從其他國家匯回愛爾蘭的當地國進行交稅；不在愛爾蘭居住者，需就其在愛爾蘭境內的收入納稅。[67]EMU 在這方面的配套措施是否顧及各會員國不同的稅制，將會影響愛爾蘭的考量。

（三）偏好考量

愛爾蘭雖熱中加入歐洲整合的歷程，但是，愛爾蘭卻不希望讓歐元與英鎊之間的匯率波動影響本身的匯率。因為，愛爾蘭當地的產業相當依賴英國，如果英國採取競爭性貶值的策略與歐元對抗，愛爾蘭將會受到很大的打擊。所以，匯率能否穩定，成為愛國最主要的考量，EMU 與 EMS 都對於匯率能有穩定的作用；而 PCC 則無任何穩定匯率的機制，Float 亦是。所以，其偏好考量為：EMU≒EMS＞PCC＞Float。

---

[67] 鄭耀東，《歐元——改變世界經濟格局的跨國貨幣》，北京：中國財政經濟出版社，1998，頁 152。

十、西班牙的偏好與考量

（一）政治層面的考量

嚴重的失業率問題，[68]使得西班牙政府面臨相當的困窘情境，加上執政政府與地方性黨派間的矛盾和摩擦影響西班牙的政局穩定，對於採取何種的政策考量，需協調國內的不同意見，再形成最後的決策。

（二）經濟層面的考量

從個人平均的國內生產毛額來分析，要趕上歐盟其他發展較為成熟的國家，仍有一段努力的空間。當然，西班牙須藉由改革勞動市場，以爭取外來投資。藉由 EMU 所帶動的經濟成長效益，應可解決西班牙所面臨的經濟問題。

（三）偏好與考量

西班牙是以經濟利益考量為前提，當然，西班牙希望能夠加入歐洲核心國家，藉以強化其在歐盟內，政治與經濟及社會政策的影響力。所以，EMU 所帶動的效益，對於西班牙而言，遠超過其他的政策。而其偏好考量為：EMU＞EMS＞PCC＞Float。

---

[68] Daniel Barbezat and Larry Neal, *The Economics of the European Union and the Economics of Europe* (Oxford：Oxford University Press, 1998), pp.303-306.

十一、葡萄牙的偏好與考量

（一）政治層面的考量

葡萄牙希望藉由 EMU 所帶動的經濟整合成效，使歐盟邁向政治整合的開展。所以，對於 EMU 的態度是支持的。不過，南歐國家在歐盟內部的政治影響力能否提升，是葡萄牙所考量的重點。

（二）經濟層面的考量

藉由 EMU 所帶動的整體經濟面的成長，提升其本身的實力。不過，葡萄牙較憂慮 EMU 可能會拉大與其他國家（英、德、法等國）在經濟層面的差距。所以，對於是否 EMU 政策的傾向仍增添變數。

（三）偏好考量

EMS 的匯率機制相較於 EMU 的機制，對於葡萄牙而言因為 EMS 的匯率機制所具有的規範，仍無相對於其他國家的保障，如此，仍無法達成提升本身的經濟實力與發展。但是，加入 EMU，必須符合「一致性標準」，葡萄牙必須調整其整體的經濟策略。當然，歐盟向東擴展至東歐地區，葡萄牙本身的優勢將會消失，尤其是在結構基金的分配上，將會由東歐國家予以取代。如此，將會拉大其與其他國家的經濟差距。而 PCC 更只是經濟整合的前哨，並沒有實質的進展。對葡萄牙而言，樂於見到歐盟政治整合的前景，

但是又不願擴大與其他國家的差異。所以其偏好考量為：
EMU≒EMS＞PCC＞Float。

十二、希臘的偏好與考量

（一）政治層面的考量

希臘希望藉由歐盟經濟合作的成功模式，推動政治合作的契機，進而開展歐盟的政治整合。當然，希臘亦可因身為歐盟的會員國來提升本身的地位。

（二）經濟層面的考量

由於希臘並未達到「一致性標準」，以及國內各黨派對於 EMU 意見的分歧，對於是否加入仍有爭議。不過，仍希望透過加入 EMU 來提升本身整體經濟利益，以解決本身嚴重的失業問題和通貨膨脹的壓力。

（三）偏好考量

雖然希臘內部仍有爭議，但是對於 EMU 的經濟效益仍趨之若鶩。加上歐盟結構基金及其他方案的金援，使得希臘能夠直接受惠。相較於 EMS 制度，其無法提供金援，更無法提供希臘經濟層面的發展。而 PCC 也只限於各國的初步合作，無異於緣木求魚，並無實質的效益。所以其偏好考量為：EMU＞EMS＞PCC＞Float。

十三、奧地利、芬蘭、瑞典

由於此三國是 1995 年才加入歐盟成為其會員國，對於歐盟採行何種政策，並沒有參與制定與決議的權力。所以，並未將此三國列入考量。

參、以社會選擇理論分析 EMU 政策之形成

國家的決策會依據國家利益做出考量，在歐盟的決策過程中，各會員國將依本身與促進歐盟整體的利益，做出理性的考量。在了解國際情勢與會員國的態度取向之後，根據歐盟的決策機制，應用策略而使得最為有利的政策能夠獲得通過而付諸實行。William H. Riker 對於社會選擇理論（The Theory of Social Choice）給予這樣的註解：「社會選擇理論是有關於集合所有個人的偏好或價值，成為集體、社會、或國家的總偏好。」[69]所以，從歐盟會員國本身而言，或是從歐盟整體的角度來分析，歐盟政策的形成，不但涉及各會員國內部的偏好抉擇，同時也牽涉到各會員國之間的策略考量。

---

[69] William H. Riker, Liberalism Against Populism: A Confrontation Between the Theory of Democracy and the Theory of Social Choice (San Franciso: W.H.Freeman, 1982), pp.2-3.

　　然而，「經濟暨貨幣聯盟」（EMU）條約需要得到所有會員國的簽署才能推動，（因為 EMU 的決策屬於共同體的事務範圍，需在部長理事會中以一致決通過）對於英、丹兩國的反對立場，以及葡、愛、盧三國不確定的態度，使得「經濟暨貨幣聯盟」政策能否在歐盟中通國，加添變數。

　　從 12 國的偏好分析來看，有七國（德、法、義、西、荷、比、希）的態度是支持 EMU 通過的；英、丹兩國是不支持的；而葡、愛、盧三國的態度較有議價的空間。將其偏好排列如表 4-2 所示，若依此一結果來看，EMU 無法在歐盟中成形。如此一來，歐盟非但無法完成經濟整合的進展，對於政治合作的共識，也將難以開展。當然，這對歐盟整合的契機無疑是倒退了一大步，同時也考驗著各會員對於歐盟整合的態度與誠意。

表 4-2　會員國偏好分析

國家 偏好	德	法	英	義	西	比	葡	荷	希	愛	丹	盧
最佳	EMU	EMU	EMS	EMU	EMU	EMU	EMS EMU	EMU	EMU	EMS EMU	EMS	EMS EMU
次佳	EMS	EMS	PCC	EMS	EMS	EMS		EMS	EMS		PCC	
次差	PCC	PCC	EMU	PCC	PCC	PCC	PCC	PCC	PCC	PCC	EMU	PCC
最差	Float	Float	Float	Float	Float	Float	Float	Float	Float	Float	Float	Float

資料來源：作者自行整理

　　就葡、愛、盧三國而言，對於四個方案的偏好考量都相同。只不過，就葡萄牙而言，希望歐盟對於縮小各會員國之間的經濟差

異，能有完善的配套措施；對愛爾蘭與盧森堡而言，則是希望歐盟
能考量小國經濟層面的發展與政治立場，亦能顧及發展較為落後的
地區。所以，此三國一方面向支持 EMU 的會員國表明自身對於歐
盟整合的誠意，加速歐盟的整合契機；一方面也向其表達要求尊重
小國在政策制定上的意見。對於歐盟整體而言，能夠尊重小國的立
場，而不全然以大國的觀點為整體的意見與考量（因為歐盟主要政
策制定，多以德、法、英、義等國的意見為主），將會使得歐洲整
合的歷程更加的完備，更能展現歐盟共識的凝聚。就實際的考量而
言，若三國中的一國持反對 EMU 的態度，此一政策將無法在歐盟
中實施。所以，為了防止類似的情形影響往後歐盟合作的開展，以
及強化更具實質意義的整合態勢，不僅考量歐盟整體的利益，對於
小國和發展較為落後的地區（例如南歐地區）亦尊重其發展與立
場。如此，葡、愛、盧三國在獲得能成為參與政策制定核心的回應
以及考量歐盟整合契機的開展，將會採取策略性投票，支持 EMU
政策在歐盟內形成。

　　對於英、丹兩國而言，若 EMU 因其反對的態度而無法使得該
政策獲得通過，英國本身所希望採行的方案，即在 EMS 的制度下，
採取發行第十三種貨幣--PCC 的概念，亦無法在歐盟各會員國在偏
好的考量下通過，因為對其他會員國而言，該方案皆屬於較差的偏
好，並不符合各國與歐盟整體的利益。但是，若兩國的反對，EMU
政策將不可能成行。所以，其他會員國也基於尊重各國的不同情
勢，在希望能凝聚整體一致共識的前提之下，允許英國在簽署條約
時不需要對於單一貨幣事宜做出承諾，丹麥則可以在單一貨幣實施

之前，舉行公民投票決定是否加入，以換取英、丹兩國對於 EMU 的支持。

所以，對於歐盟大部分的國家而言，為了避免最差的結果出現（即在 EMU 無法成形的情形下，支持 EMU 的國家亦不支持 EMS 的形成，使得歐盟的政策，將可能退回到原點），經由化解疑慮、展現誠意以凝聚全體會員國的共識，使得 EMU 在策略性投票的運作之下，得以在歐盟的決策機制中獲得通過。這對歐盟整合的契機而言，有著推波助瀾以及再一次展現各自對於歐洲邁向更進一步合作的誠意與信心。只不過，「一致決」的決議範圍，在歐盟內亦掀起一番論戰，以致於在馬斯垂克條約與阿姆斯特丹條約中，才明確的規定表決的方式與適用範圍。

第五節　歐元相關的實證分析

根據歐盟的 Eurobarometer 的統計分析可知，以 1993-1999 年歐元區的國家數據為例（包括奧地利、比利時、芬蘭、法國、德國、愛爾蘭、義大利、盧森堡、荷蘭、葡萄牙與西班牙等國），就總體而論，以 1999 年為例，支持單一貨幣建立的受訪者有 68%，反對受訪者的佔 32%（如圖 4-4 所示）。

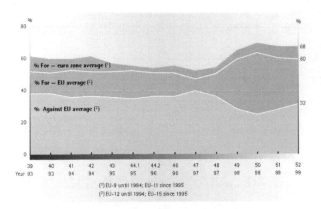

圖 4-4　1993-1999 年對於單一貨幣的支持意向

資料來源：European Commission, How Europeans see themselves--Looking through the mirror withpublic opinion surveys, 2001, p.34.

　　再就是否支持單一貨幣的分析而論，非常喜好歐元的受訪者佔 75%，反對者佔 20%，對於歐元清楚/非常清楚的受訪者佔 73%，非常不清楚者則佔 23%。（如表 4-3 所示）

	% in favour of the euro	% against the euro	% don't know
People who feel very or fairly interested in the euro	75	20	5
People who feel very well/well informed about the euro	73	23	5
EU-15 average	60	32	8
People who feel not very/not at all well informed about the euro	51	38	11
People who feel not very or not at all interested about the euro	41	47	12

表 4-3　對於單一貨幣的支持意向

資料來源：European Commission, How Europeans see themselves--Looking through the mirror withpublic opinion surveys, 2001, p. 36.

　　此外，根據 2007 年的統計結果，民眾對於歐元硬幣出現國家
專屬面的看法，有 57% 的民眾認為是有利的，只有 9% 的受訪者認
為有害。（如圖 4-5 所示）

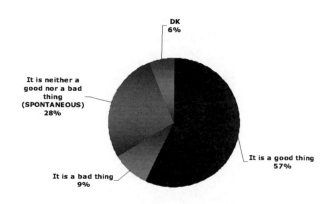

圖 4-5　對於歐元硬幣出現國家專屬面的看法

資料來源：European Commission, National sides of euro coinsFull report, 2007, p.24.

　　再針對認為歐元硬幣出現國家專屬面是有利的民眾進行交叉
分析發現，有 65% 的民眾認為此舉能顯示歐洲文化的多樣性，有
30% 的民眾則是樂於見到自己國家象徵出現在歐元硬幣上。（如圖
4-6 所示）

　　再就不認同的受訪者進行交叉分析，發現有 56% 的民眾認為對
於使用單一貨幣的國家而言，應該是一致性的，這凸顯出民眾對於
貨幣使用的認同在於展現其唯一特性，此外有 46% 的民眾認為多樣
性的設計容易讓人迷惑，這也可印證民眾對於單一貨幣的認知。（如
圖 4-7 所示）

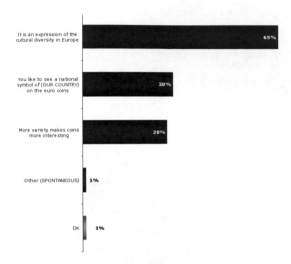

圖 4-6　針對認同者的交叉分析

資料來源：European Commission, National sides of euro coinsFull report, 2007, p.27.

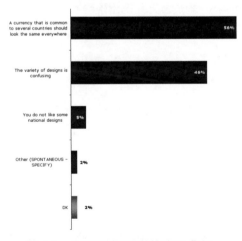

圖 4-7　針對不認同者的交叉分析

資料來源：European Commission, National sides of euro coinsFull report, 2007, p.31.

第五章　歐盟發展的政策分析二

——東擴後的歐盟政策

　　歐盟在進行經濟整合之際，另一個發展的主軸則在於會員國的擴大，其中，最重要的歷程即為向東歐國家擴展，將從蘇聯解體後解放出來的附庸國，納入歐盟版圖之中，藉以形塑歐洲統一的態勢。準此，歐盟的東擴政策不僅負有地緣上的整合，更有將歐盟經濟整合成效延展的效益，其中又涉及到歐洲認同、社會化歷程以及路徑依循的意涵。

第一節　歐盟東擴政策

壹、歐盟東擴與認同

　　就東歐國家而言，在蘇聯崩解後，前華沙集團成員國內部發生一連串的衝擊，包括政治不穩定、經濟混亂、宗教衝突與種族糾紛等，而在權力真空的情勢下，為求穩定發展的空間，透過與西歐國

家間進行「合作」，消弭東歐國家因政治與經濟轉型而產生的動盪情勢。歐盟所推動的東擴政策，便是基於「合作」的互惠性，進而顯現出國家追求與維繫「和平」的歷程。

就西歐國家（歐盟成員國）而論，「歐洲統一」的觀念，不僅是文化認同的核心，更是政治認同的基調，所以，歐盟藉由向東擴展的策略，使得歐洲地區將可逐步實現統一的態勢，中、東歐國家透過政治與經濟體制的轉型，取得成為西歐社會成員的身份認同。

一、政治認同的脈絡與共有觀念的形成

在二次大戰以後，歐洲不論在政治、經濟、社會等各方面，已失去往日的光彩，面對美、蘇兩大強權集團的競爭壓力，經濟整合的開展所帶動的強化歐洲合作的運動，一波接著一波，並且掀起了歐洲整合的浪潮，也延續歐洲思想家提倡的「永久和平」理念。1946年9月19日，邱吉爾在瑞士蘇黎世大學的演說中，倡議建立「歐洲合眾國」。自此，「歐洲整合」的主張，開始在歐洲民主國家間生根、萌芽。1947年3月4日，荷、比、盧三國簽署海牙協定，成立三國關稅同盟；為了配合美國的「馬歇爾計畫」（Marshall Plan）的援助，1948年4月16日「歐洲經濟合作組織」（Organization for European Economic Cooperation）於巴黎成立，進而建立起歐洲經濟合作的契機，在 1949 年 5 月 5 日經由「史特拉斯堡條約」（Strasbourg Treaty）的簽署，成立「歐洲會議」（Council for Europe），強化歐洲整合的進展。

　　受到 Jean Monnet 的鼓舞，[1]法國外長舒曼（Robert Schuman）在 1950 年 5 月 9 日的「舒曼宣言」（Schuman Declaration）倡議下，希望法國、德國及其他想加入歐洲國家共同聯營煤鋼資源國家，將煤、鋼物資整合在超國家組織管理之下。在 1951 年 4 月 18 日由比利時、荷蘭、盧森堡、法國、義大利、德國六國簽署「巴黎條約」（Treaty of Paris），成立「歐洲煤鋼共同體」（ECSC）；1958 年 1 月 1 日六國簽署的「羅馬條約」正式生效，同時也創立「歐洲經濟共同體」（European Economic Community）以及「歐洲原子能共同體」（European Atomic Energy Community），使得歐洲在經濟上的整合行動，越亦強化，在經濟問題上的處理，也更趨制度化，並於 1959 年 1 月起，逐步廢除關稅與配額的實施，同時降低關稅 10%，顯示出歐洲在整合運動上的成效。

　　直到 1965 年 2 月，歐洲經濟共同體成員國在布魯塞爾決議將「歐洲煤鋼共同體」、「歐洲經濟共同體」、「歐洲原子能共同體」合併成為單一行政機構，通稱「歐洲共同體」。至此，「歐洲整合」邁入一個新的里程碑。1986 年 2 月，歐洲共同體十二個會員國簽署「歐洲單一法」（Single European Act, SEA），並首次規定政治合作的架構、共同體會員國的共同對外關係及安全問題和政治合作架構之組織與運作，將「歐洲整合」的理想，推向另一個新紀元。1991 年，透過「馬斯垂克條約」（Maastricht Treaty）的簽訂，使得「歐

---

[1]　被稱為「歐洲榮譽公民」、「歐洲第一公民」或「歐洲之父」的 Jean Monnet，對於歐洲整合最大的影響乃是，在他的努力之下，設立了超國家的機構——「歐洲煤鋼共同體」，為建立歐洲聯邦的目標及維持歐洲和平，奠定第一個基礎。

洲整合」的理念，付諸實行，而「歐洲聯盟」的誕生，代表著歐洲整合運動正朝著「單一國家」的目標邁進。2002 年，單一貨幣歐元的實施，不僅使得歐盟在經濟領域，包括財政、貨幣、利率等相關政策面達成一致性的產出，更開啟歐洲國家走向政治層面整合的契機。

　　至此，「歐洲聯盟」代表歐洲已邁向一個整合（integration）所欲實現的情境，也逐步朝向歐洲統一的方向邁進。各會員國釋放出部份主權，不論在經濟、政治、外交、社會安全等方面，採取一致性的政策，集結各會國的力量，試圖去影響、甚至去改變世界的態勢，以歐洲的角度來實現其所盼望預見的未來。在歐洲整合的過程中，歷經六次的擴大，並且從 1957 年的 6 個創始會員國開始、歷經 1973 年的 9 個會員國、1981 年的 10 個會員國、1986 年的 12 個會員國、1995 年的 15 個會員國、2004 年的 25 個會員國以及 2007 年的 27 個會員國，（如表 5-1 所示）這都顯示歐洲共有觀念與文化認同的軌跡。

　　準此，歐盟藉由向東擴展的策略，使得歐洲地區將可逐步實現統一的態勢，中、東歐國家透過政治與經濟體制的轉型，取得成為西歐社會成員的身份認同，繼而融入西歐社會的運作，形塑出更為壯大的經濟共同體，進而能與美國相抗衡，爭取歐洲事務的主導權。

二、共同利益的建立

　　歐盟所推動的東擴政策，其所帶動的利益可由政治與經濟兩個層面來分析：

表 5-1　歐盟歷次擴大的時間與新加入之成員國

加入時間	新加入的成員國	歷經時間 （申請加入→成為會員）
歐體成立：1957 年	法國、德國、義大利、荷蘭、比利時、盧森堡	
第一次擴大：1973 年	英國、丹麥、愛爾蘭	1967→1973.1.1
第二次擴大：1981 年	希臘	1975→1981.1.1
第三次擴大：1986 年	西班牙、葡萄牙	1977→1986.1.1
第四次擴大：1995 年	瑞典、芬蘭、奧地利	1. 奧地利：1989→1995.1.1 2. 瑞典、芬蘭：1992→1995.1.1
第五次擴大：2004 年	波蘭、捷克、匈牙利、愛沙尼亞、斯洛文尼亞、塞普路斯、斯洛伐克、拉脫維亞、立陶宛、馬爾他	1. 塞普路斯、馬爾他：1990→2004.5.1 2. 波蘭、匈牙利：1994→2004.5.1 3. 斯洛伐克、立陶宛、拉脫維亞、愛沙尼亞：1995→2004.5.1 4. 捷克、斯洛文尼亞：1996→2004.5.1
第六次擴大：2007 年	羅馬尼亞、保加利亞	1. 羅馬尼亞、保加利亞：2007.1.1

資料來源：作者自製

（一）政治層面

1.就歐盟整體而論

　　蘇聯解體使得東歐地區呈現權力真空之際，中、東歐國家亦調整其對外政策的主軸，亦即，透過加入北約組織與歐盟的「回歸歐洲」，藉此所能獲得的保障與協助，將是此等國家所欲追求的目標。對於歐盟本身而言，不僅希望能取得歐洲地區的主導地位，更希冀

能藉以累積與世界強權國家並列的影響力。歐盟藉由東擴政策的推展成效，一方面可顯示其整合效益的擴散，另一方面則是建立「一個完整的歐洲」與其他強權國競爭的集體認知，並強調領土的完整性所隱含的集體力量用以與其他強權國抗衡的實力展現。當然，歐盟所欲競爭的對象，即為具有霸權性質的美國。

　　此外，透過東擴政策的推動，將加速與其鄰近國家間的區域合作，藉由經貿實質關係的進展，搭配本身的政治影響力，強化歐盟在其鄰近國家（包括南歐、部份東歐國家）的政經實力，進而擴大與鄰近國家區域合作的範疇，向提升國際政治地位的目標推進。藉由上述區域合作關係的拓展，將觸角延伸至第三世界國家，經由經濟合作關係的開展與深化，奠定歐盟在第三世界國家的合作態勢，並強化與加速推動相關的經貿政策，進而由經濟層面的合作拓展至政治領域，提升歐盟在第三世界國家的影響力。

　　在國家層次上，透過東擴政策的推動，將使得中、東歐國家藉由體制的轉型而建立民主制度，不僅增進對其境內少數民族的尊重，亦強化國家本身與歐洲地區的和諧情勢。此外，歐盟會員國亦可藉由東擴政策來改善與中、東歐國家關係，就德國而言，能與波蘭、捷克建立友好關係，將不必再為邊界的問題而掛念，對於南歐地區的希臘與保加利亞，以及義大利與斯洛凡尼亞也能改善彼此之間的關係，穩定歐洲整體的情勢。[2]

---

[2] Alan Mayhew, *Recreating Europe—The European Union's Policy towards Central and Eastern Europe* (Cambridge, England : Cambridge University Press, 1998), p.186.

再者，從安全的角度分析，東擴政策能保障中、東歐國家在體制改革的過程中，維持其國家內部政局的穩定，不僅有助於歐洲社會整體的安定，更對於歐洲政經整合的發展能提供穩定的時空環境。而中、東歐地區的穩定將強化歐盟成員國中與該地區接壤國家（芬蘭、德國、義大利、奧地利與希臘）的相對穩定，當然，東擴政策的成功將使得中、東歐國家放棄繼續與俄羅斯為伍的抉擇。此外，藉由東擴政策的推動，有利於歐盟會員國與新加入國家間的進一步合作，共同致力打擊跨國刑事犯罪案件。另外，在歐盟環境政策領域中的核能安全，成為歐盟所關注的焦點，中、東歐國家的核能發電廠大部分都不符合國際安全標準，這將成為歐洲地區潛在的危機，所以，歐盟要求申請加盟的國家必須訂定出解決核能安全問題的辦法，並以此作為衡量該國獲得貸款與援助的條件之一。

2.就中、東歐申請國而論

歐盟作為一個具有影響國際社會能力的國際組織，在國際談判的過程中更能彰顯其政治與經濟層面的影響力，當申請加入成為會員國之後，將使得中、東歐國家能夠直接參與歐洲事務的決策過程，從而影響歐盟政策的產出，此外，更因位居歐盟的成員之一，將使其提升國際的視野與地位。

在國家層次上，在尋求加入歐盟的過程中，歐盟透過經濟援助與法制化的規定用以保障中、東歐國家在政治與經濟體制轉型的過程中，維持其國內政經情勢的穩定，而在法制化的規定上，除了明確定訂出中、東歐國家加入歐盟的規範外，更能對於懸而未決的議題，提供場域作為溝通的管道，更藉由成為歐盟會員國的壓力，使

得中、東歐國家藉由雙邊協定的簽署來化解歷史上既有的矛盾情勢，1996 年匈牙利與羅馬尼亞簽署的睦鄰和解條約即是一例。

　　若從安全的層面分析，中、東歐國家在蘇聯解體之後，失去提供其外部安全的屏障之際，希冀藉由加盟北約組織來獲得軍事安全的保障，不過，1998 年也僅有波蘭、捷克與匈牙利三國獲得加入，準此，中、東歐國家希望透過加入歐盟作為獲得安全保障的途徑，雖然無法如同北約組織對於成員國所提供的軍事安全的合作與保障，不過，若當歐盟的會員國遭受其他國家威脅與侵略時，歐盟其他成員國絕對不會坐視不理，勢必會對於該事件或爭端做出反應。

（二）經濟層面

1.就歐盟整體而論

　　將中、東歐國家納入歐盟的體制之中，在人口數部分就增加 1.1 億人，這代表著多了一億多的消費人口，這些消費人口亦代表潛在增加的市場，這對於共同體製造業的未來而言，無疑是最具實質的助益。亦即，中、東歐國家的加入提供了市場的擴大以及市場的整合。

　　此外，透過經濟體制的改革與轉型，將使得中、東歐國家提升經濟成長率，這也有助於歐盟納入新會員國後，不至於停滯整合的進程。該等國家經濟成長的提升將會刺激進口的需求，而經濟體制的改革與轉型帶動經濟現代化的進展，而經濟現代化又會增加資金與貨物的需求，準此，中、東歐國家的加盟創造出激勵歐盟整體在相關產業成長與資金流動的契機，這也會對於歐盟會員國的經濟成長產生影響。

再者，歐盟藉由東擴政策的推動，有助於歐盟與歐洲整體提高國際競爭力，主要的關鍵於勞力的分佈主呈現出產業的分工層面。目前，歐盟內部的勞力分工不均，主要都集中於高工資的國家，不僅造成勞力分佈不平均，更加劇勞力集中國家的失業率問題，而歐盟東擴不僅提供中、東歐國家貿易的機會與分散勞力過於集中的問題，藉由專業化的產業與勞力的配置，獲得國際競爭中生產要素（成本）的優勢。

　2.若以中、東歐國家而論

　　中、東歐國家加入歐盟所獲得的經濟利益，可由成為共同市場的一份子來分析，亦即，1.各會員國在人員、財貨、勞務及資本方面得以自由流通之單一市場，2.強化歐盟市場機能為目的之競爭政策以及其他相關的政策，3.針對結構的改變與區域發展制定出共同一致的政策，進一步對區域內各國的經濟政策做階段性的協調，逐漸廢除經濟政策的差異，4.協調預算政策限制規定在內之總體經濟政策。準此，中、東歐國家可藉由經濟體制轉型以及經濟政策的調整，改善國家的經濟體質，強化經濟現代化的推動，進而增進在勞力、財貨與資金的獲益。

　　以捷克為例，捷克的主要政黨聯盟 Civic Democratic Party（ODS）、Civic Democratic Alliance（ODA）與 Christian Democrat Union（KDU-CSL）以及其主要對手陣營 Czech Social Democrat Party（CSSD）均同意國家必須轉型為完全自由的市場經濟體制，藉以達到歐盟的標準，進而獲得更為實質的利益。[3]

---

[3]　Sir William Nicoll and Richard Schoenberg, *Europe Beyond 2000* (London: Whurr Publishers, 1998) , p.74.

再者，隨著中、東歐國家在政治民主化以及經濟自由化的改革，不僅創造出可供國際資本投入的環境，強化國外直接投資（foreign direct investment）的榮景，更助長經濟的成長與整合的契機。當然，此種經濟穩定的態勢無形中也強化了政治穩定的前景，亦創造出有利於國家整體情勢穩定的條件。此外，擴大公共設施的建設也是提升經濟現代化的指標之一，包括鐵路、電信等溝通地方網絡的管道，亦是對於經濟發展所需具備的基礎建設。

三、國家學習的歷程

根據 Jack S. Levy 的說法，經驗性的學習是指信念的改變、新觀念、技術與程序的發展，用以解釋與說明所涉及的經驗。大部分學者對於學習的定義，皆聚焦於和平或合作的議題之上，Joseph S. Nye 認為學習只是與合作相關的可能結果，透過研究或經驗來發展知識，而國家利益則是透過學習與認知轉變而化約為外交政策的產出。此外，Nye 將學習區分為簡單學習（simple learning）與複雜學習（complex learning），前者指透過新資訊的使用，去調適達成目的的方法，而不會改變所設定的目標，準此，行為者透過不同的工具來達成相同的目標。後者則是行為者對衝突情勢的認知產生轉變，導致目標與方法的調整，進而產生新的優先考量與交易。[4]亦即，不論是何種學習型態皆表示透過行為的調整來達成目標。

---

[4] Joseph S. Nye, Jr., "Nuclear Learning and US-Soviet Security Regime", (*International Organization*), Vol.41, No.2, 1987, pp.371-402.

Janice Gross Stein 僅視學習是衝突減緩與解決的途徑之一，她以美-蘇以及埃及與以色列之間的協調為例，倘若國家間的衝突必須解決，衝突的兩造必須學習，她提出兩步驟過程（two-step processes）來闡釋國家間的學習。衝突的各造並非是要分享相同的學習歷程，一方必須學習理解衝突的情勢對於其所維繫的價值，將得不到長期利益的認知，此外，更要協助另一方學習轉變其意向，如此，衝突才有可能緩和與解決。[5]

Ernst B. Haas 則認為學習是管理互賴關係的途徑，焦點則是集中於國際組織的研究，亦即，當新知識被用以重新定義國家利益之際，學習過程便從而展現。[6]此外，Haas 將學習過程的闡釋為，行為轉變（行為者基於理論的基礎來解釋其最初的價值）、最終目標（學習的最終目標既是方法也是結果，代表實質的理性工具）以及新交疊議題的形成（新的結果是基於知識社群所提供的共識型知識所形成）。[7]所以，學習含括新因果鏈（new cause-effect chains）的闡釋，而非僅是解決問題的替代性行為。

---

[5] Janice Gross Stein, "Image, Identity, and Conflict Resolution," in Chester A. Crocker and Fen Osler Hampson, eds., *Managing Global Chaos: Sources of and Responses to International Conflict* (Washington, D.C.: United States Institute of Peace Press , 1996), pp.93-111.

[6] Ernst B. Haas, *When Knowledge is Power: Three Models of Change in International Organizations* (CA: University of California Press, 1990), p.4, p.128.

[7] Ernst B. Haas, "Collective Learning: Some Theoretical Speculations," in George W. Breslauer and Philip E. Tetlock, eds., *Learning in U.S. and Soviet Foreign Policy* (Colorado: Westview Press, 1991), pp.72-74.

Andrew Farkas 則認為國家學習是一種存在於國際轉變而形成政策轉變的因果關係之中介過程，[8]藉由國家間互動所形成的學習歷程，一方面認知到國際情勢的變動，另一方面則是透過學習來建立起適應轉變情勢的方法。所以，國家學習需有足以讓國家重新衡量國家利益的動機，藉此，顯現出國家學習的重要性。

亦即，對於行為者而言，當其所處的環境產生變動之際，為了維持自身的利益甚至生存，行為者則展開調適的作為，包括觀摩同儕的適應方法或是接收新的知識與信念就成為其適應情勢轉變的動力。國家行為者亦然，當國際情勢轉變之際，國家更需要制定因應的對策，國家學習便形成重要的動力。所以，國家學習乃是介於國際轉變與外交政策轉變之間的過程，此一過程的核心鑲嵌著資訊、知識與信念的傳達，政治菁英藉此從外部環境中獲得資訊，進而轉換到團體決策的機制中，達成政策調適與轉換的歷程。

（一）國家學習的類型

由上述對於學習的定義可知，學習的進行有賴於環境的變數而形成政策的轉變所致，亦即，國家行為者處理複雜且不確定的國際事務時，因為其所擁有的資訊有限，在決策產出的過程中，會基於過往的經驗來作為考量。Lavory 則將國家學習區分為工具型（instrumental）、被迫型（constrained）以及因果型（causal）等三種類型。[9]

---

[8] Andrew Farkas, *State Learning and International Change* (MI: The University of Michigan Press, 1998), p.1.

[9] Peter R. Lavory, "Learning and the Evolution of Cooperation in U.S. and Soviet

1.工具型的學習

工具型的學習主要是行為者對於世界所形成的「適應性」轉變，而非是其理解與信念的轉變，藉由控制性（cybernetics）來展現其學習型態。[10]控制型的行為者其抉擇的動機是基於對於維持一套由行為者環境所形塑出來的核心價值內涵所形成的需求所致。Waltz認為國際體系的無政府狀態「限制與塑造」國家的行為，亦即，競爭（competition）與趨同（conform）。[11]國家間的競爭決定了全球行為的型態（懲戒或獎勵），此即為社會化的結果；趨同性則是控制性的型態，如同現實主義論者的觀點，每一國家均尋求一套核心價值作為其在國際體系中維持其地位的方式，包括主權、生存與安全，此套核心價值即為國家間行為一致的準則。[12]這也符合結構現實主義論者的觀點，結構的限制解釋了為何在國家間會重複使用某些方法與作為。所以，工具型的學習是基於行為者過往的經驗與其所處的環境所構築而成。

不過，當過往的經驗無法適應結構的價值之際，行為者將試圖從事轉變其目標、信念與自我理解的學習，透過增加行為者的能力來挑戰與重塑既存的結構，此即被迫型的學習。Steinbruner認為認知心理學的研究展現出資訊的缺乏、因果的不確定性以及價值的複

Nuclear Nonproliferation Activities," in George W. Breslauer and Philip E. Tetlock, eds., *Learning in U.S. and Soviet Foreign Policy* (Colorado: Westview Press, 1991), pp.739-747.

[10] *Ibid.*, pp.739-740.

[11] Kenneth N. Waltz, op. cit., p.117.

[12] James C. March and Johan P. Olsen, "Organizational Learning and the Ambiguity of the Past," in March and Olsen, eds., *Ambiguity and Choice in Organizations* (Oslo, Norway: Universitetsforlaget, 1976), p.332.

雜性所導致個別行為者無意識的採用資訊的過程，進而強化既存的價值與阻礙學習與此套價值不相容的課題。[13]

2.被迫型的學習

Lavory 則是透過以下三個認知研究計畫的假設，證明被迫型學習成為一獨特的學習型態：[14]第一，儘管有著不確定性，個別行為者的意見藉由明白的推斷與實際作為建立起強烈的信念，例如，美、蘇兩國的核不擴散政策，皆立基於核武擴散是危險以及不穩定的信念之上，即便此一推論並未被科學方法所證明。第二，認知推論過程禁止改變信念的核心結構。例如，以色列、南非、印度與巴基斯坦等國，雖然沒有一個國家從 1945 年 8 月起使用過核武，卻仍積極的控制其核武能力，這並非因美、蘇兩國官方的態度而改變此等國家的意向。第三，一個複雜議題所含括的多樣價值，通常並不會連結在一起，反而是各自分開與持續進行。美、蘇雙方皆認為核武嚇阻能確保國家安全，即便此一議題有某一因素是造成不安全情勢的來源，例如，核武擴散，仍是超強國家積極發展核武的動力。

所以，控制型的過程形塑工具型學習，被迫型學習的認知結構則是引發行為者依循不同信念體系所形塑的習性，亦即體系內的價值。

3.因果型的學習

因果型的學習主要立基於資訊的分析過程：對所遭遇之問題產生認知之後，行為者開始尋找相關的資訊，並確認行動的方案，分析每一方案可能產生的結果，認知其所包涵的主要價值，透過價值

---

[13] John Steinbruner, *The Cybernetic Theory of Decision* (Princeton, N.J.: Princeton University Press, 1974), p.137.

[14] Peter R. Lavory, op. cit., pp.742-743.

排序分析選擇的結果，最後選擇最具利益的選項。[15]此一過程便與知識的形成與傳遞相關，因為在資訊分析的過程中，每一階段所涉及的資訊選擇、價值分析皆基於行為者其背後的知識基礎，亦即，因果型學習產生於國家間的聯合，雖然彼此間存有政治與文化上的差異性，而常常無法對某一議題定義出相似的觀點，卻因知識的分享效果，強化單一解釋與分享解決方法的學習歷程，進而形成共識。

　　根據表 5-2 可知，不論是工具型、被迫型與因果型的學習，都與行為者所涉及的環境因素相關，行為者在與環境情勢互動的過程中，透過資訊、信念的接收與轉變甚至歷史經驗，形塑同儕行為的一致性，展現社會化的歷程，其目的在於共識的形塑、規範的建立以及問題的解決。準此，行為者透過學習的歷程，強化或改變其信念體系，藉以適應環境的變化，並透過資訊的分析，調整其行為的產出，使其符合同儕間的期待，這也符合社會化所展現的型態。

表 5-2　學習的類型

學習類型	工具型 （instrumental）	被迫型 （constrained）	因果型 （causal）
抉擇典範的鑲嵌	控制性	認知	分析
經驗理論的鑲嵌	結構現實主義	認知心理學	管理互賴的模型
分析單位	國家與 外交決策官僚	個別決策者	專家與外交 決策官僚
決策者的核心目標	安全、主權與 相對利得	認知的穩定	有效的解決 社會問題

---

[15] Graham Allison and Philip Zelikow, *Essence of Decision—Explaining the Cuban Missile Crisis* (N.Y.: Longman, 1999), pp.40-48.

因果不確定性 的處理	規範制定	企業信念	方案結果的 可能性分析
價值複雜性的處理	保留核心價值	價值分立	限制價值的整合
學習的主要推動力	透過既存規範 達成目標的失敗	透過既存策略 達成目標的失敗	增加新問題與知識
學習的機制	計畫的運作與 選擇性的回饋	信念的強化	評估知識的 科學方法
學習的主要結果	改變官僚 例行公事的內容	改變信念與 偏好的內容	分析問題因果的 複雜性知識

資料來源：Peter R. Lavory, "Learning and the Evolution of Cooperation in U.S. and Soviet Nuclear Nonproliferation Activities", in George W. Breslauer and Philip E. Tetlock, eds., Learning in U.S. and Soviet Foreign Policy (Colorado: Westview Press, 1991), p.746.

（二）東歐國家的國家學習歷程策

　　歐洲國家的領導人與知識份子在歐洲地區遭逢巨變之際，皆亟思結束分裂局勢的想法與作為，紛紛提出解決之道。而在冷戰時期，中、東歐國家幾乎全數落入蘇聯所宰制之共產主義的鐵幕之中，當蘇聯解體之際，為避免中、東歐國家再次陷入俄羅斯的控制之下，歐盟則必須將中、東歐國家納入其體制，其目的主要是出自於政治與經濟利益的評估、西歐地區安全以及歐洲穩定的考量，同時，也是為了擴張其勢力範圍所致，進一步防止俄羅斯影響力的觸角，再次深入歐洲社會，從而危害歐盟的基本利益。

　　此外，歐盟藉由向東擴展的策略，使得歐洲地區將可逐步實現統一的態勢，中、東歐國家透過政治與經濟體制的轉型，取得成為西歐社會成員的身份認同，繼而融入西歐社會的運作，形塑出更為壯大的經濟共同體，進而能與美國相抗衡，爭取歐洲事務的主導權。

1.學習的原因與時機

歐盟在 90 年代初期起，便開啟一連串的援助計畫來協助中、東歐國家進行經濟領域的改革。首先，歐盟對中、東歐國家透過「PHARE」（法爾計畫）[16]提供財政協助來支持該等國家進行改革。從 1990 年 1 月開始實施的法爾計畫，總計援助保加利亞、捷克、南斯拉夫、波羅的海三小國、阿爾巴尼亞、羅馬尼亞、斯洛文尼亞、斯洛伐克，以及之前的波蘭與匈牙利等國，以強化該等國家在進行改革與轉型時的穩定。

亦即，歐盟藉由「法爾計畫」發揮對於中、東歐聯繫國（associated nation）的政治影響力，使其接受西歐國家的價值觀、政治與經濟體制的運作，為融入歐盟的政治與經濟整合做準備。

根據「法爾計畫」所援助的部分含括：農業改良、教育訓練、環境安全、人道與糧食援助、公共設施、失業救濟、區域發展等，歐盟成員國希冀透過援助的方式，強化中、東歐國家在公、私部門的發展。不過，此一計畫在施行的過程中，也出現了問題：[17]

第一，「法爾計畫」的程序過於繁瑣與緩慢。

第二，法爾計畫執行小組與歐盟執委會之間，以及與歐盟不同部門之間的關係結構複雜導致妒忌心態，導致計畫執行效率不彰與

---

[16] 西歐國家於 1989 年 7 月在巴黎舉行高峰會議，會中決議歐洲共同體委員會協調國際社會對波蘭與匈牙利的經濟和科技進行援助，這是「法爾計畫」的雛形，之後演變為歐洲共同體/歐盟援助中、東歐國家向市場經濟過渡與準備加入歐盟戰略的一項特別計畫。

[17] Alan Mayhew, *Recreating Europe—The European Union's Policy towards Central and Eastern Europe* (Cambridge , England : Cambridge University Press , 1998), pp.143-145.

費時的情形屢見不鮮。由於歐盟對於「法爾計畫」實行多重管理原則，導致法爾計畫執行小組與歐盟執委會計畫管理機構之間在受援國內的分工不清，再加上官僚主義嚴重，使得計畫效益不高。

　　第三，政治控制與干預不斷的增加，而且深入法爾計畫實行的細部細節，導致成效受阻。

　　第四，「法爾計畫」缺乏附帶條件，導致此計畫的實施無法確切影響受援國的經濟轉型過程，亦無法對受援國的整體經濟成長產生影響。歐盟會員有鑑於此，於 1997 年執委會發表「議程 2000」（Agenda 2000）的報告書中，提出改制「法爾計畫」的管理機制，並將其由「需求取向」（demand-drive）轉型為「同意取向」（accession-drive）的援助計畫型態。亦即，透過歐盟執委會基於每一申請國的需求提出其建議，並以「有條件」（conditionality）的附帶要求給予聯繫國援助。

　　2.學習的內容

　　歐盟在 1993 年 6 月所召開的哥本哈根高峰會中，即提出「哥本哈根標準」（Copenhagen Criteria），對於有意加入歐盟的國家，必須符合下列的條件，方能有機會成為歐盟的一員：[18]

　　(1) 穩定的民主政治和與此相稱的民主制度；

　　(2) 一個功能性的市場經濟體系，能承受單一市場完全的競爭；

　　(3) 具備與現存歐盟會員國一樣承受市場壓力的能力；

　　(4) 認同歐洲政治聯盟與歐洲經濟暨貨幣聯盟的目標。

---

[18] Victoria Curzon Price, *The Enlargement of the European Union—Issue and Strategies*(London , England : Routledge Press , 1999), pp.10-20.

　　據此，「哥本哈根標準」就成為中、東歐國家申請加入歐盟的國家學習內容，透過國家所進行的政治與經濟體制的改革，使其達成標準，進而符合成為成員國的資格。根據「自由之家」（Freedom House）的評比可知，申請加入歐盟的國家，皆在政治民主化與經濟自由化的改革展現其國家學習的成效。（如表 5-3 所示）

　　其中，穩定的民主政治和與此相稱的民主制度是以政治民主化的指數來分析，主要是由政治（選舉）過程（political/electoral process）、市民社會（civil society）、獨立的媒體（independent media）、治理與公共行政（governance and public administration）、法律規則（rule of law）以及腐敗（corruption）等指標所建構而成（將上述指標予以平均得之），而一個功能性的市場經濟體系則是透過經濟自由化指數，包括私有化（privatization）、總體經濟政策（macroeconomic policy）以及個體經濟政策（microeconomic policy）所組成（將前述三項指標予以平均得之）。指數越低則表示民主化程度越深以及經濟自由化成度越高，而指數在 2 以下皆屬於政治民主化以及經濟自由化的範圍內。從政治民主化指標分析，10 個中、東歐國家皆已達到門檻（波蘭、捷克、匈牙利的指數升高原因在於1997 至 1998 年的分析指標並未將法律規則與腐敗納入所致），而在經濟自由化的指標上，斯洛伐克、立陶宛、拉脫維亞與斯洛文尼亞尚未達到標準，但已逐漸改善。

　　在承受市場壓力的能力上，得視申請國在進行經濟轉型時的成效而定，如果該國的市場機制是彈性的且調整快速，其所遭遇的競爭壓力便不成問題，反之則否。而認同歐洲政治聯盟與歐洲經濟暨貨幣聯盟的目標則是最無歧視性的規範，亦即，申請國有能力採行

與執行共同體法律、規則與政策作為衡量的標準,透過採行與會員
國一致性的標準,藉以認同歐盟整體的目標。

表 5-3　中、東歐國家在政治民主化與經濟自由化的評比

指標	政治民主化					經濟自由化				
年度 國家	1997	1998	1999- 2000	2001	2002	1997	1998	1999- 2000	2001	2002
波蘭	1.50	1.45	1.44	1.44	1.50	2.00	1.92	1.67	1.67	1.92
捷克	1.50	1.50	1.75	1.81	2.13	1.88	2.00	1.92	2.00	2.08
匈牙利	1.50	1.50	1.75	1.94	1.94	1.63	1.67	1.75	1.92	2.00
斯洛伐克	3.80	3.65	2.50	2.25	1.94	3.38	3.58	3.25	3.25	2.33
立陶宛	2.15	2.15	2.06	1.94	1.94	2.50	2.50	2.50	2.50	2.33
拉脫維亞	2.15	1.95	2.00	1.94	1.88	2.50	2.58	2.83	2.75	2.42
愛沙尼亞	2.10	2.05	2.06	2.00	1.94	2.13	2.00	1.92	1.92	1.92
斯洛文尼亞	2.00	1.95	1.94	1.94	1.81	2.38	2.17	2.08	2.08	2.17
塞普路斯	na	1.00	1.00	1.00	1.00	na	1.50	1.50	1.50	1.50
馬爾他	na	1.00	1.00	1.00	1.00	na	1.50	1.50	1.50	1.50
羅馬尼亞	3.95	3.85	3.19	3.31	3.31	4.63	4.50	4.17	4.00	3.92
保加利亞	3.90	3.55	3.31	3.06	3.00	5.38	4.08	3.75	3.50	3.25

資料來源:作者根據 Freedom House 網站所提供之資料自行整理。請參閱
http://www.freedomhouse.org/research/nattransit.htm

此外,最重要的指標在於 2002 年 3 月正式啟動的歐元(euro),
其涉及到申請國能否達到經濟暨貨幣聯盟(EMU)的標準:[19]

---

[19] Emmanuel Apel, *European Monetary Integration 1958-2002* (London,
England:Routledge, 1998), pp.102-113;Kemmeth Dyson, *The Process of
Economic and Monetary Union in European*(London, England:Longman,
1994), pp.23-41.

(1) 會員國的通貨膨脹率不得超過前一年通貨膨脹率最低三個會員國平均值的 1.5%；

(2) 會員國的政府預算赤字不得超過 GDP 之 3%；

(3) 會員國之政府負債不得超過 GDP 之 60%；

(4) 會員國的長期利率率不得超過前一年通貨膨脹率最低三個會員國平均值的 2%；

(5) 會員國貨幣的匯率波動，應維持在歐洲匯率機制（ERM）中心匯率上下 15%以內。

　　換言之，歐盟為了加快東擴的步伐，透過一系列的政策措施，對中、東歐國家經濟重組實施了大規模的金融和技術援助，並協助他們迅速施行民主政治和改革，藉以讓申請國能盡快達到標準，與歐盟會員國的經濟發展齊步。對於申請成為歐盟會員的中、東歐國家而言，都必須達到上述的條件，方能獲得成為歐盟會員國的資格。亦即，申請國透過在歐盟的場域中進行國家學習，藉由改善自身的條件以期符合歐盟的門檻要求，成為歐盟的成員。

　　3.學習的方式

　　就政治民主化的指標而言，中、東歐國家紛紛推動民主化的制度，包括民選國家領導人、自由、平等的投票，由獨裁、專制的體制轉行為民主社會所展現的體制。包括波蘭、捷克與匈牙利等申請加入歐盟的東歐國家，皆已透過民主的選舉過程，走向民主社會所實施的體制。

　　在經濟自由化層面，主要是匯率制度的調整為其學習的重心。根據表 5-4 所示，申請加入歐盟的 10 個中、東歐國家，透過各自

貨幣政策的調整來回應歐盟所設定的門檻,主要是維持各國幣值的
穩定,作為經濟政策轉變的支柱。再者,透過匯率制度的調整,採
行釘住一籃通貨、釘住美元或是歐元與馬克的匯率,藉以調整各自
的匯率機制,進而達到歐盟整體的匯率標準,這是中、東歐國家展
現國家學習的方式。

表 5-4　中、東歐申請國之貨幣政策目標與匯率制度

國家	貨幣政策目標 (學習內容)	匯率制度調整 (學習方式)
波蘭	維持物價穩定,並在不影響物價穩定支持政府的經濟政策。	1995 年 5 月起採取對一籃通貨爬行釘住匯率制度。
捷克	維持捷克貨幣的穩定。	1997 年 5 月起採管理式的浮動匯率制度,以歐元為非正式的參考通貨。
匈牙利	維持對內及對外幣值的穩定,支持政府的經濟政策。	1997 年 3 月起採行爬行釘住匯率制度,釘住歐元,並允許在上下各 2.25%的範圍內波動。
斯洛伐克	維持通貨穩定。	1998 年 10 月起採管理式的浮動匯率制度,非正式的以歐元為參考通貨。
立陶宛	維持幣值穩定,確保信用與支付體系順利運作,並在不抵觸幣值穩定下支持政府經濟政策。	1994 年 4 月起採取通貨委員會制度,釘住美元。
拉脫維亞	控制貨幣數量以維持物價穩定,促進自由競爭、資源配置效率及促進金融體系的穩定。	自1994 年 2 月起釘住特別提款權(SDR)。
愛沙尼亞	為持幣值穩定,促進銀行體系之安全與穩定,促進支付體系之穩定與效,支應民眾現金需求。	1992 年起採通貨委員會制度,釘住歐元及馬克。

斯洛文尼亞	為持通貨穩定,並提供穩定的流動性。	自 1992 年採取管理式浮動匯率,非正式以歐元為參考通貨。
塞普勒斯	促進通貨、信用及國際收支的穩定。	1999 年起釘住歐元,並允許在上下各 2.25%的範圍內波動。
馬爾他	持有外匯準備以維持通貨的國際價值,在對內及對外幣值的穩定之下,控制信用供給量,以促進經濟發展、就業及所得增加。	在 1971 年起釘住一籃通貨,並允許在上下 0.25%的範圍內波動。

資料來源:呂桂玲,〈歐盟擴張版圖的最新進展〉,《國際金融參考資料》(台北),第四十六輯(90.4),頁 356-357。

4.學習的類型

　　根據上述的分析可知,歐盟的東擴政策促成中、東歐國家的學習歷程,其含括 Lavory 所區分的三種學習類型,亦即,因應蘇聯解體之後的國際環境變動所形成「適應性」轉變所展現學習歐盟體制的工具型學習、不同於此等國家過往經驗的價值轉型,以致於從事轉變其所設定之目標、信念與自我理解的被迫型學習,以及在分析加入歐盟之後的利弊得失所進行資訊分析的因果型學習。所以,中、東歐國家所展現的國家學習,不僅是因為國際環境發生重大的變遷而使其必須透過學習來適應變動,更是在經過理性的分析資訊之後,進一步的調整其目標與信念的學習歷程,這更形成國際社會化的能動性。

　　由歐盟東擴政策的歷程可知,國家學習促成國際社會化的展現,中、東歐國家藉由達成歐盟所設定「哥本哈根規範」以及「經濟暨貨幣聯盟政策」所建構的標準,開啟其學習的標的,進而取得歐盟會員的資格,完成適應國際環境轉變的衝擊,建立成員間的共

識與行為的趨同性。此外，國家在進行社會化的歷程時，本身則較
具主動參與性，亦即，藉由國家學習的結果，透過國家政策的制訂
與調整，朝向「達到標準」的門檻邁進。而國家的學習，更是有實
質目標與學習對象（例如，某一制度下的規範或是其他國家的政策
調適）。再者，國際組織扮演著資源守門員的角色。國家為了得到
獲取資源的資格，將會採取由社會化媒介機制所建構的標準與制
度，透過這種對結構依賴的誘導，產生成為國際組織成員的學習過
程，一方面是為了避免受懲戒，另一則是希冀獲得酬庸，其最終目
的在於達到自利的最大化。這亦是中、東歐國家進行國家學習的重
要因素之一。

貳、東擴的歷程

　　歐盟在 90 年代初期起，便開啟一連串的援助計畫來協助中、
東歐國家進行經濟領域的改革。首先，歐盟對中、東歐國家透過
「PHARE」（法爾計畫）[20]提供財政協助來支持該等國家進行改革。
從 1990 年 1 月開始實施的法爾計畫，總計援助保加利亞、捷克、
南斯拉夫、波羅的海三小國、阿爾巴尼亞、羅馬尼亞、斯洛文尼亞、
斯洛伐克，以及之前的波蘭與匈牙利等國，以強化該等國家在進行

---

[20] 西歐國家於 1989 年 7 月在巴黎舉行高峰會議，會中決議歐洲共同體委員會
　　協調國際社會對波蘭與匈牙利的經濟和科技進行援助，這是「法爾計畫」
　　的雛形，之後演變為歐洲共同體/歐盟援助中、東歐國家向市場經濟過渡與
　　準備加入歐盟戰略的一項特別計畫。

改革與轉型時的穩定（如表 5-5 所示）。亦即，歐盟藉由「法爾計畫」發揮對於中、東歐聯繫國（associated nation）的政治影響力，使其接受西歐國家的價值觀、政治與經濟體制的運作，為融入歐盟的政治與經濟整合做準備。

1994 年 12 月，歐盟成員國於德國召開埃森高峰會（Essen Summit），在會中制訂「準備加入策略」（Pre-accession Strategy）協助中、東歐聯繫國加入歐盟的內部共同市場，並以此為核心來推動該等國家與歐盟的經濟整合，其目的在於協助申請國逐漸加入歐盟的共同市場，而「準備加入策略」的作法中，針對「法爾計畫」進行部分的修正為：將根據結構基金的模式來撥款協助中、東歐國家，並藉由「完成共同法的立法程序」與「完成市場改革」來幫助聯繫國家達到內部市場一致性標準的目標。[21]此外，在此次會議中與會成員國亦達成共識，提高預算專款（ECU1.1billion）用以支付「法爾計畫」所調高的額度（由 15%調高至 25%），強化「法爾計畫」朝向第二階段的目標──整合聯繫國的財政狀況，使其步上歐盟整體的水準。

歐盟會員國於 1995 年 6 月在法國的坎城（Cannes）召開高峰會，通過中、東歐國家準備加入歐盟共同市場的「白皮書」（White Paper），經由歐盟會員國與歐盟執委會根據埃森高峰會的決議，將申請國整合至歐盟內部市場，來達成進一步推動中、東歐國家加入歐盟的政策。同年 12 月於馬德里（Madrid）所召開的歐盟高峰會，更進一步確立歐盟東擴政策的基調，並要求執委會（European Commission）起草對申請加入歐盟的中、東歐國家提出評估報告，

---

[21] Richard Schoenberg, *Europe Beyond 2000—The Enlargement of the European Union towards the East* (London: Whurr Publishers, 1998), p.16.

並根據前述的報告決定入會談判的進程，以及分析歐盟的財政體系，並提交在東擴之後的財政結構報告。

　　1997 年 7 月 16 日，歐盟執委會發表「議程 2000」的報告書，文中提及執委會對於 10 個申請加入歐盟的東歐國家的評估，並論及歐盟擴大所可能形成的衝擊，同時也確立申請國加盟程序的架構，而在 1997 年 12 月所召開的盧森堡高峰會議（Luxembourg Summit），正式做出歐盟東擴的決議。至此，歐盟完成東擴政策的部署，也逐步累積向中、東歐國家招納成員的動能，2004 年 5 月 1 日正式接納 10 個中、東歐國家成為歐盟的會員國，使得歐洲整合的步伐更向前邁進一大步，而至 2007 年 1 月，羅馬尼亞與保加利亞加入之後，會員國已達 27 個。

表 5-5　法爾計畫受惠國家：中、東歐申請國（單位：ECU million）

	1990	1991	1992	1993	1994	1995	1996	1997-1998
捷克／斯洛伐克	34	99	100	na	na	na	na	na
波蘭	180.8	197	200	225	208.8	174	203	425.9
捷克	0	0	0	60	60	110	54	106
斯洛伐克	0	0	0	40	40	46	4.5	117.9
愛沙尼亞	0	0	10	12	22.5	24	61.8	63.8
匈牙利	89.8	115	101.5	100	85	92	101	196.9
立陶宛	0	0	15	18	29.5	32.5	37	75.1
拉脫維亞	0	0	20	25	39	42	53	94.3
斯洛文尼亞	0	0	9	11	24	25	22	41
保加利亞	24.5	106.5	87.5	90	85	83	62.5	215.7
羅馬尼亞	15.5	134.3	152	139.9	100	66	118.4	259.8

資料來源：作者根據 European Commission 網站資料自行整理

藉由歐盟東擴政策的分析可知，歐盟會員國成功的將其邊界（boundary）的領土範圍延伸至東歐，這其中還包括文化與經濟層面的擴展與結合，更將代表領土空間的「地理空間」（geographical space ）與「會員空間」（membership space）[22]結合在共同政策與制度的結構之中。亦即，歐盟更交疊經濟的、文化的、制度的、社會的與政治的中心。

參、東擴的影響

就歐盟的發展而論，其性質為鑲嵌著政治目標的經濟組織，從其會員國擴大的歷程來看，維繫政治經發展的安全情境是會員國考慮的重點。以 1973 年的第一擴大歷程分析，其中，英國的申請案屢遭法國總統戴高樂的反對，就法國公開的立場而言，戴高樂認為英國於 1958 年主導成立的「歐洲自由貿易協會」（European Free Trade Area, EFTA），其目的就是在對抗歐洲經濟共同體，破壞歐洲經濟發展，此舉衝擊歐洲經濟安全的環境因素，影響歐洲未來的經濟前景。就法國本身而言，則不希望英國的加入弱化法國的領導地位。

歐盟第二次與第三次擴大的對象則為南歐地區的希臘、西班牙與葡萄牙，其目的在於穩定此區域的政治與經濟情勢的發展，維繫其安全的發展態勢，藉以抵抗當時蘇聯在地中海區域的擴張。第四

---

[22] 會員空間是指社會、文化與其他物質的空間結合，請參閱 Stein Rokkan, *State Formation, Nation-buliding, and Mass Politics in Europe* (Oxford University Press, 1999), p.104.

次的擴張國家有芬蘭、瑞典與奧地利，一方面在面對蘇聯解體的結構因素下，調整自身的中立政策，一方面則是因為歐盟的經濟成長態勢，使其有助於調整本身經濟情勢的下滑，再加上對於歐盟區國家在經濟與安全層次的依賴程度提高，更讓這三個國家有納入歐盟經濟整合發展的動機。

歐盟第五次擴大的對象大多為以往為蘇聯控制的東歐國家，在脫離共產制度與面臨「權力真空」的結構下，如何能維繫其穩定發展的安全條件、強化其經濟發展的依賴以及政治結構的調整等，加入歐盟就成為符合上述利益的目標。綜觀歐盟五次的會員國擴大歷程，不論是基於經濟利益或是調整自身政治結構的原因，最為核心的考量是安全環境的建立，亦即，若就地緣政治的層次分析，南歐、東歐與北歐與西歐國家間的合作，維繫了歐洲安全結構的版圖，歐盟經濟整合效益擴及至南歐與東歐國家，強化歐洲的經濟利益，東歐國家的民主化則是凝聚歐洲的認同制度。

準此，歐盟東擴結合以往的經濟、政治制度與安全因素的維繫，不僅是歐洲整合版圖的擴大，更是歐洲認同的延展，對於歐洲走向單一國家的發展，推進一大步。

第二節　歐盟東擴的實證分析

根據 Eurobarometer 在 2002 至 2003 年針對歐盟東擴議題的調查結果分析，接近 80%的受訪者認為東擴能使歐盟在國際舞台展現

更強的聲音，此外，75%的受訪者認為歐盟的擴大將使得決策更加困難。再者，有將近 70%的受訪者認為在冷戰後，歐盟需負起再次團結歐洲的道德責任，不過，65%的受訪者也認為東擴將加深本國的負擔。另外，67%的受訪者也認為新加入歐盟的國家，無論從歷史上、地理本質上都是符合正當性的，接近 69%的受訪者認為東擴將減少歐洲處於戰爭與衝突的危險。當然，對於擴大的歐盟是否將造成與公民疏遠，也有 47%的受訪者持認同的態度，不過，僅有 33%的受訪者認為歐盟的擴大將造成其本國在歐洲內部重要性的式微。（如圖 5-1 所示）

　　再就受訪者對於東擴對於國家層面的衝擊意向調查結果分析，85%的受訪民眾認為東擴將擴大企業進入新市場的機會，80%的受訪者認為更多的會員國加入將使得歐盟的文化更加豐富，66%的受訪民眾則認為東擴將有助於歐洲著手處理環境問題。此外，63%的民眾認為東擴將使得本國的農業擴大新市場，63%的受訪民眾認為東擴將促成其他會員國民眾移入本國，43%的民眾認為東擴將將有助於控制非法移民。不過，51%的受訪者則認為東擴也將使得犯罪與毒品問題更加難以處理，42%的受訪者認為東擴將使得失業率上升，41%的受訪民眾認為東擴將使得社會福利下降。（如圖 5-2 所示）

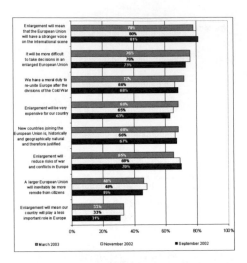

圖 5-1　對於歐盟東擴整體影響的意向

資料來源：Flash Eurobarometer 140, Enlargement of the European Union, p.32.

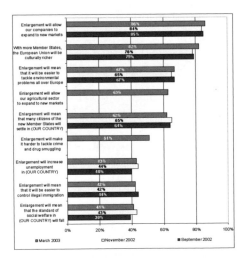

圖 5-2　對於歐盟東擴國家層面影響的意向

資料來源：Flash Eurobarometer 140, Enlargement of the European Union, p.51.

第三節　歐盟憲法條約與里斯本條約（Lisbon Treaty）

「歐盟憲法條約」與「里斯本條約」的簽署，讓歐洲整合進入了新的階段，不論從理論、政策或認同的層面分析，都指向歐洲走向政治整合的路徑發展。不過，前者在遭到法國與荷蘭公民投票的否決，使得歐盟面臨個關鍵轉捩點，亦即，是繼續政治整合的道路？抑或轉而重回強化經濟整合的方向？還是，結束歐盟的制度？這些抉擇都會讓歐盟產生不同的面貌。後者則是在這些可能的方案中，歐盟會員國間所做出的選擇，再度化解可能產生的危機。以下便就這兩項條約的發展與影響，進行分析。

壹、歐盟憲法

一、發展歷程

歐盟憲法的推動是起源於 1990 年歐洲議會的決議，該決議提出歐盟需建立一部憲法，其目的在於：[23] 1.提高歐盟之民主性與合法性；2.強化歐盟機制之效率；3.確保歐盟經濟、貨幣與政治事務之協調性與一致性；4.建構與執行一項共同外交及安全政策。當然，此與邱吉爾於 1946 年的演說內涵以及 1950 年的「舒曼宣言」中「歐洲合眾國」（United of Europe）的目標相符，亦是超國家主義的實現。

---

[23] 洪德欽，〈歐盟憲法之法理分析〉，收錄於洪德欽主編，《歐盟憲法》，台北：中央研究院歐美研究所，2007，頁 14。

　　2000 年的「尼斯高峰會」召開時就已設定「後尼斯議程」（Post-Nice Agenda），並就歐洲聯盟未來發展進行更深與更廣的討論（The deeper and wider debate about the future of the European Union）。2001 年 12 月的「拉肯高峰會」則是針對歐盟權限的劃分而討論到制憲的議題，並於「拉肯宣言」（Laeken Declaration）中設定要在下一次條約修正前，不僅應處理以下議題：會員國與歐盟權限之劃分、歐盟基本權利憲章（Charter of Fundamental Rights of the European Union）未來定位、歐盟相關基礎條約的簡化以及會員國之國家級議會在歐盟架構中所扮演的角色，更須在 2003 年 3 月間召開「歐洲未來大會」（Convention on the Future of the Union），亦即「歐盟制憲大會」。

　　當時的歐盟制憲大會是由前法國總統季斯卡（V. Giscard d'Estaing）擔任主席，於 2003 年 7 月 18 日發表「羅馬宣言」，並制訂「歐洲憲法條約草案」（a Draft Treaty Establishing a Constitution for Europe），主要是由規定歐盟機構之設置與權限、歐盟公民基本權利憲章、歐盟政策與功能以及歐盟憲法條約的基本規定等四個部分組成，[24]歷經相關內容的修訂後，歐盟 25 個會員國領袖於 2004 年 10 月 29 日共同簽署「建立歐洲之憲法條約」（Treaty Establishing a Constitution for Europe），簡稱「歐盟憲法條約」，此亦為歐洲政經整合歷程中的關鍵轉捩點，促使歐洲走向單一國家的里程碑。

　　根據歐盟憲法條約的內容分析，針對歐盟相關條約規範與機制運作提出修訂的方向，其中，在歐盟機構之設置與權限的部分，包

---

[24] 條文內容請參閱 Treaty Establishing a Constitution for Europe, 2004/C301/ 3-186 ttp://eur-lex.europa.eu/JOHtml.do?uri=OJ:C:2004:310:SOM:EN:HTML .

括：[25]1.賦予歐盟國際法人的資格，確立歐盟訂定契約、締約的權利，並能提起訴訟與進行國際索償的能力。2.歐盟執委會的人數改為 15 名。3.設立一位專職的歐盟高峰會主席，以及歐盟外交部長。4.擴大歐洲議會的權力，將共同決定程序的範圍擴及司法、內政與理事會共同控制預算。5.涉及到「條件多數決」（qualified majority）的表決，需同時符合 55%會員國的票數以及 65%的人口數才能通過相關決議。6.會員國在遭受恐怖攻擊之際，應展現相互援助以對抗恐怖主義。7.第一次在條文中引入退出條款，使會員國有權自願退出歐盟。

　　此外，歐盟憲法條約還包括幾個議定書：「會員國議會在歐盟角色議定書」（Protocol on the role of national Parliaments in the European Union）、「輔助性與比例性原則適用議定書」（Protocol on the application of the principles of subsidiarity and proportionality）、「歐盟法院章程議定書」（Protocol on the Statute of the Court of Justice of the European Union）、「歐洲中央銀行與歐洲中銀行體系章程議定書」（Protocol on the Statute of the European System of Central Banks and of the European Central Bank）、「歐洲投資銀行章程議定書」（Protocol on the Statute of the European Investment Bank）、「歐盟部門、代理機關、政府機關、若干組織、制度議定書」（Protocol on the location of the seats of the institutions and of certain bodies, offices, agencies and departments of the European Union）、「歐盟優例與豁免議定書」（Protocol on the privileges and immunities of the

---

[25]　相關內容請參閱 Treaty Establishing a Constitution for Europe, 2004/C301/ 11-40 ttp://eur-lex.europa.eu/JOHtml.do?uri=OJ:C:2004:310:SOM:EN:HTML .

European Union)、「聚合標準議定書」（Protocol on the convergence criteria）、「歐元集團議定書」（Protocol on the Euro Group）、「申根一致標準整合歐盟架構議定書」（Protocol on the Schengen acquis integrated into the framework of the European Union）、「會員國關於跨領域的對外關係議定書」（Protocol on external relations of the Member States with regard to the crossing of external borders）、「會員國人民庇護議定書」（Protocol on asylum for nationals of Member States）、「關於聯盟制度與組織轉型條款議定書」（Protocol on the transitional provisions relating to the institutions and bodies of the Union）等，其目的則在強化歐盟走向單一國家的配套措施。

從歐盟憲法條約的相關內容可以理解，歐盟對於未來所欲建立的政治體制方向，則有重回到歐盟發展初期的法、德對抗的態勢，亦即，「聯邦主義」與「邦聯主義」的發展。在歐盟憲法條約談判之初，歐盟會員國對於建立何種政治體制形成兩種主要的論點，德國主張「聯邦主義」，強化具有超國家性質機制——歐盟執委會與歐洲議會的權力，法國則是一直主張「邦聯主義」，強化具有國家利益特色的歐盟理事會的作用。雖然，「歐盟憲法條約」並未明確的主張要採取何種政治體制的走向，發展成一個類似國家的態勢，則是可以理解的共識。

不過，從對於歐盟機構之設置與權限的內容分析，包括：明確的規範歐盟公民權利與義務、賦予歐盟具國際法人資格的權限以及確立歐盟法律優於會員國法律並具有最高的效力等，都顯示出聯邦主義的特質，當然，這也埋下部分會員國人民對於讓渡過多主權的疑慮，直接反映在公民投票的結果上。2005 年 5 月 29 日，法國的

公民民投票否決「歐盟憲法條約」，同年 6 月 1 日，荷蘭也否決該條約，引舉則引發歐盟批准憲法條約的危機，更衝擊歐洲整合的前景。

　　從表 5-6 可知，雖然有 16 個會員國通過憲法條約，仍有 6 個國家停辦公民投票，以避免法、荷兩國的投票結果影響其他國家公民的態度。但是，在一致決的架構下，會員國的否決意味著此一條約將無法成為歐盟運作的規範。

表 5-6　歐盟會員國對於歐洲憲法之決議

國家	結果	時間	國家	結果	時間	國家	結果	時間
英國	停辦		芬蘭	通過	2006.12.5	匈牙利	通過	2004.12.20
德國	通過	2005.5.27	丹麥	停辦		斯洛伐克	通過	2005.5.11
法國	不通過	2005.5.29	瑞典	停辦		斯洛文尼亞	通過	2005.2.1
義大利	通過	2005.4.6	盧森堡	通過	2005.7.10	愛沙尼亞	通過	2006.5.9
西班牙	通過	2005.5.18	比利時	通過	2006.2.8	塞普路斯	通過	2005.6.30
荷蘭	不通過	2005.6.1	奧地利	通過	2005.5.25	拉脫維亞	通過	2005.6.2
愛爾蘭	停辦		波蘭	停辦		立陶宛	通過	2004.11.11
葡萄牙	停辦		捷克	停辦				
希臘	通過	2005.4.19	馬爾他	通過	2005.7.6			

資料來源：作者自製

二、影響

　　歐盟在歷經超過半個世紀的努力，從經濟整合的路徑走向政治整合的道路，其間面臨過不少的危機，也累積會員國形塑歐盟發展的另一種動力，包括「盧森堡妥協」、「單一歐洲法」、「馬斯垂克條約」、「阿姆斯特丹條約」與「尼斯條約」等，透過制度、法律的建立與調整，強化歐洲人民的認同與信任感，其目的則在於歐洲的統一，「歐盟憲法條約」更是達成此一目標的重要里程碑。

　　雖然，法國與荷蘭否決該條約，但根據歐盟執委員會 2005 年 6 月所公布的民調結果顯示，[26]法國舉行的「歐盟憲法條約」公民投票率有 69.3%，其中，54.7%的民眾投下否決票。不過，52%的法國人民認為「歐盟憲法條約」對於歐洲整合的意義重大，而且 83%的法國人民支持其本國繼續留在歐盟內。針對不去投票的民眾而言，60%的受訪者認為「歐盟憲法條約」的內容過於複雜，而且資訊不夠完整，再加上國內社會、經濟與政治問題使然，導致民眾投下否決票。

　　此外，執委會亦同時公布荷蘭的民意調查結果，[27]荷蘭舉行的「歐盟憲法條約」公民投票率有 62.8%，其中，61.6%的民眾投下否決票。不過，仍有 82%民眾認為其本國繼續留在歐盟內是有利

---

[26] European Commssion, "The European Constitution: Post-referendum survey in France," http://ec.europa.eu/public_opinion/flash/fl171_en.pdf.

[27] European Commssion, "The European Constitution: Post-referendum survey in Netherlands," http://ec.europa.eu/public_opinion/flash/fl172_en.pdf.

的，此外，針對否決該條約的民眾而言，部分民眾認為政府的宣傳不足，造成民眾不清楚該條約的具體內容（佔 32%）以及有喪失過多主權的疑慮（佔 19%），是民眾投下否決票的兩大主因。當然，此一民調結果或許為歐盟所面臨的危機，點上一盞調整亮度的燈。

此外，「歐盟憲法條約」的失利象徵歐盟走向政治整合的前景受阻，不僅是歐洲整合速度需要調整，包括歐洲認同的提升、歐洲憲法的發展以及歐洲公民對於歐盟的信任感問題，都是歐盟政治菁英們所要面對的難題，因為，在歐洲整合的歷程中，各國政治菁英與民眾之間長久存在著代溝，所以，由菁英主導的態勢越益明顯，卻也造成與民意距離擴大的趨勢，這可由歐洲議會的投票率偏低可看出此一態勢。不過，弔詭之處在於，該條約就是為了消弭政治菁英與人民意識之間的差距，降低民主赤字所衍生的問題，而將歐盟的未來體制調整為單一國家的型態，並增加各國議會與歐洲議會的權限，卻遭受到會員國的否決，這更是歐盟政治菁英們必須在未來調整制度以及政治整合方面做出平衡的規劃。

貳、里斯本條約

自從 2003 年 7 月 18 日歐盟發表「羅馬宣言」，制訂「歐盟憲法條約草案」之後，並於 2004 年 10 月簽署歐盟憲法條約，歷經部分會員國的公民投票否決而致使歐盟發展陷入危機之際，歐盟 27 個會員國於 2007 年 12 月 13 日簽署「里斯本條約」藉以取代歐盟憲法條約。亦即，「里斯本條約」的簽署代表「歐盟憲法條約」未

獲歐盟全體會員國支持的危機，獲得突破，在該條約的內容上保留
了「歐盟憲法條約」的部分內涵，更形塑出會員國間妥協的結果。

一、發展歷程

2005 年 5 至 6 月間，「歐盟憲法條約」在法國與荷蘭的公民投
票中，均遭到否決，此一結果造成歐盟制憲路徑的危機，各會員國
無不將挽救歐洲信任視為首要挑戰。而在批准「歐盟憲法條約」的
18 個會員國[28]與幾個支持該條約國家（愛爾蘭、丹麥、瑞典與葡萄
牙）的努力下，2007 年 12 月 13 日歐盟會員國正式簽署「里斯本
條約」，至此結束歐盟制憲危機所可能引發的嚴重後果。

若就性質而言，「里斯本條約」是一部修訂既有歐盟相關條約
的條約，其全名為「修訂建立歐洲聯盟條約與建立歐洲共同體條約
的里斯本條約」（Treaty of Lisbon, Amendments to the Treaty on
European Union and to the Treaty Establishing the European
Community）即可得知，不過，「歐盟憲法條約」的主旨則是在於
取代既有的歐盟條約，由此可知「里斯本條約」的簽署更顯示出會
員國間的妥協性。

再就其內容而論，「里斯本條約」分為以下幾篇，包括：一般
規定（general provisions）、民主原則（democratic principles）、制度
（institutions）、強化合作（enhanced cooperation）、對外行動（general

---

[28] 這些國家包括：德國、義大利、西班牙、比利時、盧森堡、芬蘭、奧地利、
希臘、塞浦路斯、匈牙利、愛沙尼亞、拉脫維亞、立陶宛、斯洛伐克、斯
洛文尼亞、馬爾他、羅馬尼亞與保加利亞。

provisions on the union's external action）和共同外交與安全政策（the common foreign and security policy）以及最終條款（final provisions）。[29]其重要的內容包括：

（一）歐盟取代歐洲共同體，賦予其法人地位

　　歐盟法人地位的被賦予，一方面使其可以參與國際談判、締結國際條約與成為國際組織的會員，具備國際法主體的性質，另一方面則是讓歐盟的身份超越經濟領域，更具政治意涵，這也是「歐洲憲法條約」中的條文。

（二）一般規定方面

　　根據第 1a 條的規定，歐盟的基本價值為尊重人民尊嚴、自由、民主、平等、法律規則、人權等，第 2 條則規定歐盟的目的在於促進和平、提供歐洲公民自由、安全、正義的場域，建立共同市場與以歐元為流通的經濟及貨幣聯盟。

（三）民主原則方面

　　根據第 8A 條第 1 與第 2 款的規定，歐盟應建立在代議制民主的架構上，歐洲議會為歐洲公民的直接代表，而每一位公民皆有權參與聯盟的民主生活。此外，第 8B 條第 4 款則展現公民直接參與民主的規定：至少需 100 萬名的多國公民可以提出其創制權利，要

---

[29] 請參閱本書附錄。

求執委會在其權限結構下，針對某一法案提出適當建議。此部分的內容與「歐洲憲法條約」中的「參與民主」的實質內容一致。

此外，在第 8C 條第 a 款中，根據「會員國議會在歐盟地位議定書」（Protocol on the role of national parliaments in the European Union）明文確定會員國議會在歐盟決策過程的角色，將一切法律草案提交會員國議會。再者，第 b 款則根據「輔助性與比例性原則適用議定書」（Protocol on the application of the principles of subsidiarity and proportionality）的程序，會員國議會可據此審查某一立法程序是否符合輔助性與比例性原則，亦即，會員國議會可以要求審查立法建議案，甚至對於該案給予終止程序的要求。

（四）制度方面

在歐洲高峰會議方面，根據第 9B 條第 5 款與第 6 款規定，將選任一名任期兩年半的主席（可連任一次），其任務在於強化歐洲高峰會議共識的凝聚，並負起向歐洲議會提出報告之責。而在第 9C 條第 4 款中，部長理事會所採用的加權多數決，從 2014 年 11 月 1 日起，除了至少具備 55%的票數外，還必須符合包含 15 個會員國在內以及佔 65%人口數的條件才能通過表決。

執委會主席人選部分，根據第 9D 條第 7 款規定，由歐洲高峰會議提名歐洲議會選舉結果中具多數基礎的成員為候選人，再經由條件多數決的方式產生主席人選。此外，執委會主席將可任命多名副主席，根據第 9E 條第 1 與第 4 款規定，歐洲高峰會議經條件多數決任命「聯盟外交事務與安全政策高級代表」（High Representative of the Union for Foreign Affairs and Security Policy），該名高級代表

除了負責歐盟共同外交與安全政策以及共同安全與防禦政策的計畫外，同時具備執委會副主席身份。

（五）強化合作方面

根據第 10 條第 1 款的內容，強化合作的目的在於深化歐盟的目標，用以保護其利益與整合過程。第 10 條第 2 款規定，強化合作是一種最終的手段，其建立在相關合作的目標無法在未來付諸實現於歐盟內部的態勢才可以引用，且至少需有 9 個會員國參與。

（六）對外行動方面

根據第 10A 條第 1 款的規定，歐盟的國際行動尋求：民主、法律規範、人權與基本自由的普世性與不可分割性、尊重人類尊嚴、平等與團結的規則以及尊重聯合國憲章與國際法。所以，歐盟致力於發展與第三世界國家的夥伴關係，並與國際的、區域的以及全球性組織分享其尋求的目標與價值。

（七）共同外交與安全政策方面

「里斯本條約」在此一章中，新加入第二節--「共同安全與防禦政策」（Common Security and Defence Policy），根據第 28A 條規定，共同安全與防禦政策為共同外交與安全政策整體的一部份，該政策提供歐盟動員公民與軍隊資產的操作能力，並據此達成符合聯合國憲章預防衝突與強化國際安全的維和行動。此外，對於會員國間成立的「歐洲防禦署」（European Defence Agency），則由部長理事會責成相關部門的官員與會員國外交機關的外派人員組成，其運

作則以高級代表的建議為準則。第 28D 條則規定「歐洲防禦署」的任務：貢獻軍事能力、強化協調能力、支持防禦技術研究以及有效的改善軍事支出等。

　　再者，根據第 28A 條第 6 款的規定，會員國間可以參與「永久合作結構」（permanent structured cooperation），其目的在於在軍事領域完成較高的規範，有助於開展防禦合作機制。第 28E 條第 2 款規定，「永久合作結構」可藉由部長理事會的加權多數決設立，而參與國若要退出，則需向部長理事會告知，並通知其他會員國此一結果。

（八）最終條款方面

　　根據第 49A 條第 1 款的規定，任何會員國皆可依據自身的憲政需求，選擇退出歐盟運作，此部分又與「歐洲憲法條約」的規定相同。第 49A 條第 2、第 3 款則規定，選擇退出聯盟的會員國需先告知歐洲高峰會議其意向，歐盟將與之進行談判以達成退出協議，假設談判未能有所結果，該會員國則可在提出告知歐洲高峰會議的兩年後，退出歐洲聯盟。

二、影響

　　「里斯本條約」的簽署代表著歐盟在「歐盟憲法條約」失利後，歐盟會員國基於未來前景所勾勒出的另一幅藍圖，大致上保留了歐盟體制調整與改革的方向，尤其是在接納了 12 個中、東歐國家之

後，如何強增進與強化會員國之間、會員國與歐盟機制間以及歐盟
各機制間的平衡，就成為歐盟能否進一步整合的關鍵。

　　就內容而論，「里斯本條約」賦予歐盟法人的地位、調整原歐
盟相關條約的結構、強化各會員國議會的權力、設立高峰會主席以
及規定退出條款等，都是「歐盟憲法條約」的核心內容，這又再度
顯示歐洲國家在面臨關鍵轉捩點之際，基於歐洲認同的意涵，修正
通往政治整合的路徑。若從歐洲發展的脈絡分析，兩項條約的差異
點在於象徵國家意涵的「憲法性」用語以及「特性」（國旗），都在
「里斯本條約」中刪除，其目的在於避免重蹈各會員國進行公民投
票的覆轍（雖然愛爾蘭在 2008 年 6 月 13 日公民投票中否決此一條
約，但該國仍在 2009 年 10 月 3 日進行的第二次公投中，通過此條
約），使得修訂後的條約能在各會員國都獲得批准。亦即，此一結
果又再次凸顯菁英階層主導歐洲發展的態勢。最後亦在捷克總統於
2009 年 11 月 3 日簽署該約後，「里斯本條約」則於 2009 年 12 月 1
日正式生效。

　　除了上述的影響外，「里斯本條約」也開展了歐盟在其他領域
的規範：[30]1.在能源議題方面，包括保障能源市場運作、保障能源
供應安全、提高能源效率、節約能源消耗、促進新能源開發與再生
能源利用與促進能源網絡相互連接等目標。2.在環境方面則是納入
「制止氣候惡化」的目標。3.在經濟與社會凝聚方面，加入「地域
凝聚」（territorial cohesion）的項目，以強化對農村地區、落後地區、
自然或人口條件惡化地區的支持。4.在社會政策方面，強化教育、

---

[30] 戴炳然，〈解讀里斯本條約〉，《歐洲研究》，第 2 期，2008，頁 58-59。

職業培訓與青年的條款。5.在共同貿易方面，增加服務貿易、智慧財產權與對外直接投資的內容。6.在「團結條款」中（solidarity），歐盟可以在某一會員國遭受恐怖主義攻擊或遭自然、人為災難時，採取一切手段，包括由會員國提供的軍事資源，實施保護與援助措施。

　　準此，倘若「歐盟憲法條約」造成歐洲認同與其合法性基礎的危機，「里斯本條約」則負有重塑歐洲人民信任感的重任，以及重建歐盟各會員國共同價值趨同的目標。從歐洲整合的歷史脈絡不難發現，在路徑依循與社會化的軌跡下，歐洲都會找出一條整合的活路。

第四節　歐憲的實證分析

　　根據 Eurobarometer 的調查結果分析，受訪民眾對於歐憲簽署後對於歐洲未來的影響而言，71%的受訪民眾並未被告知歐憲能帶給歐洲未來有更好發展，再就各國民眾的態度分析，芬蘭、葡萄牙、西班牙與波蘭等國更是高出 25 國的平均數（如圖 5-3 所示）。

　　此外，77%的受訪者認為歐洲需要一部憲法，再就各國民眾的態度而論，英國僅 51%的受訪者認為歐憲是必要的（如圖 5-4 所示）。再者，有近 70%的受訪民眾認為歐盟若無一套憲法的運作，將使得現行制度走向僵局（如圖 5-5 所示）。

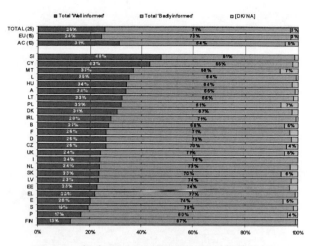

圖 5-3　各會員國對於歐憲理解的意向分析

資料來源：Eurobarometer, The Future of European Constitution, 2004, p.3.

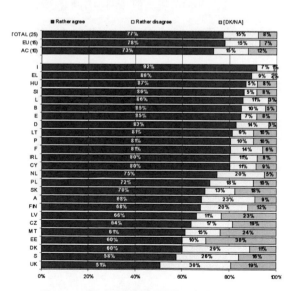

圖 5-4　各會員國歐憲採行的意向分析

資料來源：Eurobarometer, The Future of European Constitution, 2004, p.21.

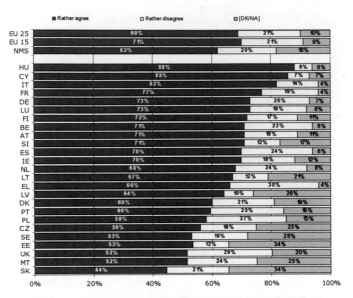

圖 5-5　各會員國對歐憲與既有制度功能的意向分析

資料來源：Eurobarometer, The Future of European Constitution(Wave2), 2004, p.32.

第六章　歐盟認同與關鍵時刻

　　在歐盟研究的領域中，不論是探討歷史制度論、區域整合理論、新區域主義或是國際社會化理論，都會透過相關政策的發展來佐證，不過，在以政策為主軸的脈絡中，隱含著一條途徑，亦即，歐洲認同的延續。歐盟政策與制度的運作，若從時間的層面切入，路徑依循的論點則是可以解釋歐盟發展歷程中的關鍵轉捩點，以及如何造成發展領域的轉變。再從議題領域的層面分析，區域整合理論強調經濟議題的發展，新區域主義則從區域發展的不同階段來分析歐盟區域的政策與制度演進，國際社會化理論則是強調歐盟相關政策過程的動能。

　　準此，從會員國的角度觀之，歐洲認同所鑲嵌的文化與政治途徑，形塑出歐洲統一的路徑，這也是本書所欲探討的另一主軸，以下便就此一脈絡進行分析。

第一節　歐洲認同的脈絡

　　對於認同的研究，是傳統社會學研究的範疇，包括 Durkheim 所論述的「集體意識」、Marx 的「階級意識」等。集體認同的研究

方面，Margaret Somers 與 Harrison White 則是藉由說明象徵不同社群的「文化作品」（cultural repertoires）來研究認同，[1]John C. Turner 則是將「去個人化」（depersonalization）視為一種賦予集體認同的過程，透過此一過程形塑出社會刻板模式、團體聚合、族群中心論、合作與利他主義、感染性的情緒（emotional contagion）與移情作用以及集體行動等。[2]此外，對於認同的研究途徑，部分研究者透過經濟、歷史與政治系絡的呈現，亦即，將認同視為在集體歷史脈絡中關鍵時刻的連結，包括不同時期的認同產物、制度化過程與認同的詮釋，David Campbell 則是用以解釋美國的「威脅論述」（discourse of danger），在區分敵我之際形塑美國的外交政策，並藉以分析國家認同的脈絡。[3]

Alexander Wendt 則是區分統合認同（corporate identity）與社會認同（social identity）兩種類型的認同模式，[4]前者是源自本質的（intrinsic）、自我組織的特質，藉此建構行為者的個體性，亦即，就個人而言，認同乃意指良知的經驗與主體；就組織而論，則是指

---

[1]　Margaret Somers, "What political or cultural about political culture and public sphere? Toward an historical sociology of concept formation," *Sociological Theory*, Vol.13, No.2, pp.113-144; Harrison C. White, *Identity and Control: A Structural Theory of Social Action*, (Princeton, NJ: Princeton University Press, 1992), pp.11-28.

[2]　John C Turner, *Rediscovering the Social Group: A Self-Categorization Theory*, (Oxford: Basil Blackwell, 1987), pp.1-30.

[3]　David Campbell, 1992

[4]　Alexander Wendt, "Collective Identity Formation and The International State," *American Political Science Review*, Vol.88, No.2, 1994, p.385.

涉其組成的個體、物質資源、分享的信念以及呈現出個體之所為「我族」（we-ness）功能的制度。

　　社會認同是指某行為者用以從其他行為者的觀點來探究自己的多套方法，是一種社會目標的展現，這其中也涉及到社會角色的認知。[5]此外，社會認同具備個體與社會結構的特質，透過認知基模（cognitive schemas）使得行為者能夠決定自己的身份以及在社會角色結構中的地位。再者，透過社會認同的脈絡進而形塑集體認同的認知（recognition）與再分配（distribution）的補充（complementarity）。[6]

　　準此，歐洲在共同歷史與文化的結構下，連結與強化歐洲認同的系絡，這可從幾個面向分析，第一是精神上的連結（spiritual ties），亦即，成員認為生活在具有普遍象徵與關連的世界中，彼此分享共同的過去、現在與未來。第二是劃定範圍（delimitation），藉以理解哪些是「我們的事」，以相較於其他人的不同。第三則是透過權威機制與制度強化行動的能力與承擔責任。所以，研究歐洲認同則必須結合歷史、文化、政治與社會等面向進行分析。

　　「歐洲認同」是一個複雜的研究領域，涵蓋前述的統合認同與社會認同，筆者綜合相關學者的研究，將其區分為文化認同（cultural identity）與政治認同（political identity），這兩種認同則是建構「歐盟認同」發展的兩大途徑。

---

[5]　Bhikhu Parekh, *A New Politics of Identity—Political Principles for an Interdependent World* (London: Palgrave Macillan, 2008), pp.18-20.

[6]　Bhikhu Parekh, *op. cit.*, pp.41-44.

壹、歐洲文化認同

　　歐洲具有共同信仰和文化傳統情感（血緣、語言）的特性，當然，這是源自於宗教信仰的基調，另一脈絡則是來自於價值觀的認同，意指擁有自由、民主、寬容與團結（solidarity）等共同價值以及對未來的期望，此一分析的脈絡，展現出歐洲人對於文化內涵的「信任」。Viktoria Kaina 則將此種信任區分為水平（vertical）與垂直（horizontal）認同，[7]前者是指一種「我族」的同胞感（we-feeling），不同於傳統民族國家的認同，顯現出屬於某一人類共同體的觀念，展現出群體的信任感，更是一種人與人互動的社會關係。垂直認同則是一種共同體的歸屬感（更確切的說法則為忠誠度的展現），是指個人對於不同層次政治單位的偏好，例如，對社區、城市、區域、國家或是超國家組織的歸屬感程度，個人對於不同政治單位的信任，則是展現於其政治參與以及願受其約束的程度而論，這部分的論述會在後續的歐洲政治認同探討中延續。

---

[7] Viktoria Kaina, "Europe Identity, Legitimacy and Trust: Conceptual Considerations and Perspectives on Empirical Research," in Ireneusz Pawel Karolewski and Viktoria Kaina (eds.), *European Identity: Theoretical Perspectives and Empirical Insights*, (Berlin: Lit Verlag, 2006), p.118.

一、歐洲的「統一」觀念

從宗教信仰層面分析，在拜占庭帝國於 1453 年崩解之際，代表基督教世界的「歐洲」，成為對抗鄂圖曼土耳其帝國的象徵，這不僅形塑出基督教文明與伊斯蘭教文明對峙的歷史背景，[8]也形成「我族與他類（other-ness）」的認同，當然，做為媒介的教堂、大學、教士與貴族，也發揮相當的影響力，準此，作為水平認同的基督教信仰，一直成為歐洲文明的核心。不過，文藝復興運動的開展，亦帶動宗教改革運動，使得原本統一的基督教會形成分裂的態勢，再加上 17 世紀啟蒙運動中人文主義與理性主義的思維，更對基督教的信仰形成衝擊。這其間也產生對於歐洲抑或歐洲文明或是歐洲精神的不同論點，但都認同歐洲是具有共同習俗與傳統的實體，即使在一次世界大爆發之後，在反思歐洲文明危機之際，歐洲人民仍希望達成追求和平的目標。[9]

再者，歐洲內部從 16 世紀起，發生幾次大規模的戰爭，包括宗教戰爭、三十年戰爭、西班牙王位繼承戰爭、拿破崙發動的戰爭以及兩次世界大戰，都造成歐洲重大的傷害，所以，自 16 世紀起，「歐洲統一」的觀念就與追求和平的目標結合，其中，Babe

---

[8]　Bozeman 認為文明和文化都指人類整體生活方式，文明是文化的擴大，兩者都涉及「價值觀、規範、制度及思考方式，據此某個特定社會世世代代的人民都賦予根本的重要性」，請參閱 Adda B. Bozeman, "Civilizations Under Stress," *Virginia Quarterly Review* 51, 1975, p.1.

[9]　鄺楊，〈歐洲觀念的變遷：1492-1992〉，收錄於馬勝利與鄺楊主編，《歐洲認同研究》，北京：社會科學文獻出版社，2008，頁 20-21。

Saint-Pierre 於 1713 年發表《歐洲永恆和平方案》（A Project for Setting an Everlasting Peace in Europe）中提到，[10]建立歐洲聯邦政府的構想來實現歐洲的永久和平，一方面要基於共同利益，另一方面則是要基於文化習慣與道德精神；Immanuel Kent 則是 1795 年的《永久和平論》中，提出了邦聯性質的歐洲統一概念，[11]Giuseppe Mizzen 倡議建立歐洲聯邦，法國大文豪 Victor Hugo 也大聲疾呼向美洲國家學習，建立「歐洲合眾國」（United States of Europe）。[12]準此，歐洲統一的概念也成為歐洲人對於未來期許的共識。

　　共同信仰和文化傳統與以和平為目標的歐洲統一觀念，構築歐洲文化認同的分析脈絡，這也為歐盟的建立與擴大歷程提供背景，不過，能否深化的問題，Anthony Smith 認為，歐盟所論述的「歐洲認同」，會與各民族國家根深蒂固的記憶、價值觀與象徵符號產生競爭的態勢，[13]所以，必須找到中世紀時，與西歐統一的宗教認同能連結的世俗性特徵，亦即，歐元的建立，則是跨越文化與政治認同的歐洲產物。

---

[10] Derek Heater, *The Idea of European Unity* (Leicester, England: Leicester University Press, 1992), pp.66-76.

[11] 康德著，《歷史理性批判文集》，北京：商務印書館，1980，頁 97-144。

[12] Kevin Wilson and Jan van der Dussen, *The History of the Idea of Europe* (London , England: The Open University, 1995), pp.71-78；張亞中，《歐洲統合：政府間主義與超國家主義的互動》，台北：揚智出版社，1998，頁 7。

[13] Anthony Smith, "National Identity and Idea of European Unity," *International Affairs*, Vol.68, No.1, 1992, p.60.

二、身份認同

　　對於身份的概念，Michael Barnett 將其定義為對自我與他者的理解，是基於社會與關係的，而非個人的。[14]Peter Katzenstein 則將身份視為民族與國家的不同建構形式，分為兩種形式，即固有身份（與既有的社會結構有關）和關係身份（取決於社會結構中的關係）。[15]Amir Pasic 認為身份是個體所屬的單位，此處的單位含括所有人、國家或是文明。[16]這些學者對於身份的定義，都認為身分是行為者對於所處社會關係的產物。

　　準此，筆者試圖從幾個層面來探討身份認同，第一是行為者的自我認同，意指行為者對自我身份與特質的認定，整合自身物質與精神所展現的特徵，表現出有別於他者的「我族」特性。例如，歐洲人的特徵體現於個人主義、自由、政治平等集於一身的價值觀，其背後鑲崁歷史與文化的遺緒（legacy）。第二是指行為者之間的身份認同。行為者除了自我身份認知外，身處於社會結構中，對於能否得到其他行為者具有相同的認定，此種關係形塑認同的關鍵。亦即，當行為者 A 自身所認定的行為者 B 與 B 所認定的 A 一致時，A 與 B 之間的身份認同才會產生，例如，師生之間、兩極體系對

---

[14] Michael Barnett, "Culture, Strategy and Foreign Policy Change: Israel's Road to Oslo," *European Journal of International Relations*, Vol.5, No.1, 1999, p.9.

[15] Peter Katzenstein, ed., *The Culture of National Security: Norms and Identity in World Politics* (N.Y.: Columbia University Press, 1996), pp.6-9.

[16] Amir Pasic, "Culture, Identity and Security: An Overview," http://www.rbf.org.

抗的敵我關係等。第三則是行為者與某一群體的認同，此認同代表行為者與該群體間的隸屬關係，透過相同屬性、擁有相同經驗、表現相同的價值觀等，例如，民族認同、政黨認同、北約組織與歐盟。

　　根據上述的層面來研究行為者的身份認同，行為者的身份是融合於三種分類中，例如，提到德國，我們就可聯想其隸屬西歐，具有自由民主的價值觀，而且是歐盟的會員國，採用歐元計價，這就是身份認同所形塑的特徵。至於，身份的形成或是認同如何被建構？Wendt 提出兩種途徑，[17]自然選擇（natural selection）與文化選擇（cultural selection），前者是指一種「適者生存」的生物進化過程，當生物體無法在資源缺乏的環境中與其他物種競爭，又不能再造（reproductive），就會被具有較佳適應性的生物體所取代。所以，生物體自身的再造能力是自然選擇的「機制」，包括種類的進化（改變）或是同一種類中的特性進化。不過，造成生存困難的環境因素，並非目前國家所面對的情境，只是，當國家面臨時，無法適應的國家就會淘汰，這可從 Robert Carneiro 的研究得到印證。[18]

　　文化選擇是指透過模仿或社會學習的過程，將決定行為的因素從個體傳播至另一個體的一種演化機制。[19]所以，身份認同是行為

---

[17] Alexander Wendt, *Social Theory of International Politics* (U.K.: Cambridge University Press, 1999), pp.318-327.

[18] Carneiro 研究發現，在西元前 1000 年，世界上有 60 萬個獨立的政治單位，今日僅剩下 200 個，請參閱 Robert Carneiro, "Political expansion as an expression of the principle of competitive exclusion," in R. Cohen and E. Service (eds)., *Origins of the State* (Philadelphia : Institute for the Study of Human Issue, 1978), pp.205-223.

[19] Michael Barnett, "Culture, Strategy and Foreign Policy Change: Israel's Road to Oslo," *European Journal of International Relations*, Vol.5, No.1, 1999, p.9.

者間在此一互動與相互決定的結構中形塑，透過模仿獲取身份與利益。亦即，從 Wendt 提出身份認同的文化選擇分析國際關係，國家行為者模仿與學習的動能，有來自文化脈絡的行為，也有理性抉擇下的利益極大化考量，而決定行為的因素，有來自歷史遺緒與政治文化的非制度性因素，也有參與制度運作成為會員資格的門檻標準，所以，此即交雜著文化與政治認同。

準此，在無政府狀態下的國際體系，其所產生的性質與結構，也是取決於國家行為者之間的身份認同而定，亦即，體系內成員間視彼此為敵人，自我生存與安全則為其關注的議題，體系則呈現出自助的特質；倘若國家行為者間視彼此為朋友，互惠與合作則互動的議題，體系呈現助他與他助的特質。歐洲社會的常態則是以合作為主軸，交疊著文化與政治的認同，尤其是歐盟的運作歷程，更是透過制度設計的推動，展現兩種認同的脈絡。

貳、歐洲政治認同

政治認同帶有強烈的政治目的，包括設計治理機制與分配權力與責任，亦即，透過確立一套價值與規則的合法性與正當性（包含支持、信任、忠誠與接受，亦即，如同 David Easton 所強調擴散體系支持的重要性），強化對議題領域（issue areas）的共識作為，例如安全議題、經貿議題抑或環境生態議題的重視，藉由政策或是制度來展現政治認同，例如歐洲在 50 年代推動的「歐洲防禦共同體」（European Defense Community）、「歐洲煤鋼共同體」（European

Coal and Steel Community, ECSC)與「歐洲原子能共同體」(European Atomic Energy Community, EAEC)以及「歐洲經濟共同體」(European Economic Community, EEC)等，就是針對重大議題所建立的治理機制，更能藉以突顯出「我族」特性的身份認同。

　　準此，研究歐洲政治認同的脈絡，共有觀念（common ideas）的形成過程是重要的關鍵。共有觀念是行為者（國家）在文化背景與歷史遺緒下的產物，不僅是價值觀的展現，亦是對國家利益的理性分析、國際體系結構的理解以及自我國際地位的認知，更是文化認同的延續。當然，透過國際社會成員間的互動，增進國家學習的動能，接受與強化集體身份的認同，進而形塑社會化的歷程，建構出國際合作的制度（國際建制），[20]更是政治認同的目的。

　　所以，歐盟的政策推動是鑲嵌於歐洲認同的脈絡進行，此即形塑出共同體發展的歷程以及東擴政策與歐洲憲法。

參、實證分析

　　根據 1999 年 Eurobarometer 的調查結果分析，平均 57% 的受訪者信任歐盟，支持本國成為歐盟的會員國（如圖 6-1 所示）。回溯分析 1981-1999 年的調查結果可知，1991 年的支持成為歐盟會員國

---

[20] 如何解釋制度（institution）？其概念與體制抑或建制（regime）有何差異？對於兩者在概念上的定義，可以廣泛到「意旨所有的國際關係或特定議題內的相關事務，或者狹隘到只是國際組織的同義字」。本文將國際建制與國際制度視為相同的概念。

　　的比例最高（71%），平均的支持比率大都在 52%左右（如圖 6-2
所示）。此外，對於支持歐盟的態度意向而論，會員國的決策階級
與民眾之間出現很大的落差，前者有 92.2%是支持歐盟的，後者則
只有 48%認同這種感覺（如圖 6-3 所示）。再者，對於成為歐盟會
員國是否有利的命題上，各國決策階級有 90%認知是有利的，民眾
僅佔 43%有此種認知（如圖 6-4 所示）。此種認知的落差，也是歐
盟在發展上逐漸面臨的問題。

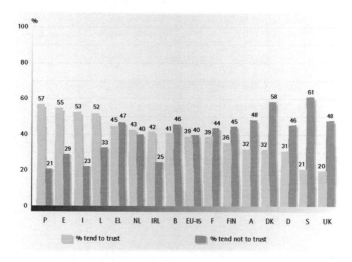

圖 6-1　歐盟的信任度分析

資料來源：European Commission, How Europeans see themselves—Looking
　　　　　through the mirror withpublic opinion surveys, 2001, p.28.

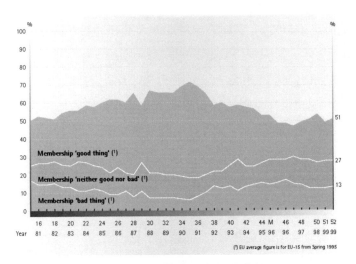

圖 6-2　回溯歐盟的信任度分析

資料來源：European Commission, How Europeans see themselves—Looking through the mirror withpublic opinion surveys, 2001, p.20.

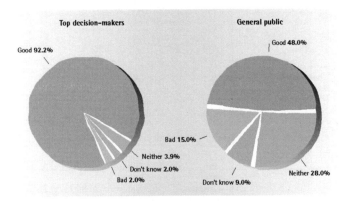

圖 6-3　會員國對於歐盟支持度的分析

資料來源：European Commission, How Europeans see themselves—Looking through the mirror withpublic opinion surveys, 2001, p.50.

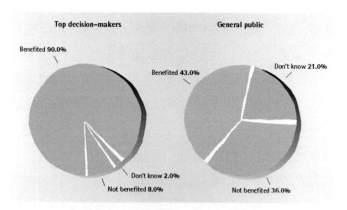

圖 6-4　會員國對於歐盟的認知分析

資料來源：European Commission, How Europeans see themselves—Looking through the mirror withpublic opinion surveys, 2001, p.51.

第二節　相關條約歷程與理論分析

歐體自 1950 年代起，會員國間藉由條約的簽署建立共同體的發展，當然，相關條約的內容都與歐體所面臨各個時期的內、外環境有關，這又與探討區域整合的理論結合。以功能主義為例，1955 年 Messina 會議的召開，代表歐洲整合運動的發展，從經濟領域開啟，1962 年所實施的「共同農業政策」（Common Agricultural Policy, CAP）則是由低階政治發展的成效。再者，1987 年的單一歐洲法、1992 年的馬斯垂克條約、1997 年阿姆斯特丹條約與 2001 年尼斯條約，不僅強化經濟領域的合作，更擴大適用的會員國，完成深化的

目標更藉此效應將其推至政治領域的整合，進而形塑 2004 年的歐洲憲法條約，此即符合由下而上的發展論述。

　　若從新功能主義的論點分析，1950 年的巴黎條約建立歐洲煤鋼組織與 1952 年由法國倡議的歐洲防禦共同體，揭示以超國家組織來帶動歐洲整合的發展，亦即，由高階政治層次的合作為基礎，形塑歐洲整合的態勢，此即由上而下的論述。此外，1997 年阿姆斯特丹條約與 2001 年尼斯條約深化歐盟在超國家性質的發展，直到 2004 年歐洲憲法條約的簽署，更建立由單一國家的型態作為歐盟整合的政策。

　　若從自由派政府間主義的論述分析，其論點代表國家之間利益的妥協，1967 年的盧森堡妥協、1974 年的歐洲高峰會議制度化與 1978 年的歐洲貨幣體系建立，都有著國家間基於利益考量的方案成形。若就最適貨幣區域理論分析，1978 年的歐洲貨幣體系，其目的在於建立一致性的貨幣政策，1992 年的馬斯垂克條約則是建立經濟暨貨幣聯盟，其中包括貨幣政策的時間表，目的在於建立單一貨幣，而其後的阿姆斯特丹條約與尼斯條約，則是規範了新會員國的適用原則。

　　再者，新區域主義的論點則是從 1950 年的巴黎條約所建立的區域社會開始，

　　1952 年的歐洲防禦共同體、1955 年 Messina 會議與 1962 年共同農業政策、1987 年的單一歐洲法、1992 年的馬斯垂克條約、1997 年阿姆斯特丹條約與 2001 年尼斯條約都代表著區域共同體的發展，而 2004 年歐洲憲法條約的簽署則是實踐了區域國家的最終目標。

　　再就歷史制度論分析，1950 年的巴黎條約開啟歐洲合作的起點，1952 年歐洲防禦共同體的失敗，形塑出歐洲發展的關鍵轉捩點，1955 年的 Messina 會議則是歐洲在經濟領域發展的路徑，再透過 1987 年單一歐洲法的報酬遞增，1992 年的馬斯垂克條約、1997 年阿姆斯特丹條約與 2001 年尼斯條約的自我增強序列，維繫歐洲經濟發展的路徑依循，直到 2004 年的歐洲憲法條約又再度成為關鍵轉捩點，使得歐盟仍無法跨越政治整合的發展，回歸經濟合作的路徑。

　　最後，透過國際社會化理論的分析，1950 年的巴黎條約與 1952 年的歐洲防禦共同體是以會員國家間的制度建立與相關規範內化作為基礎，1962 年的共同農業政策的實施則是此一規範內化的展現。1978 年的歐洲貨幣體系則代表成員國間的匯率制度的建立與內化規範的過程，1987 年單一歐洲法、1992 年的馬斯垂克條約、1997 年阿姆斯特丹條約與 2001 年尼斯條約除了強化規範與制度的建立，更形塑出同儕間壓力的效果，使得單一貨幣政策與東擴政策得以發展，而 2004 年的歐洲憲法條約更是國際社會化理論下最重要註解。

表 6-1　相關理論與政策的連結

	功能主義	新功能主義	自由派政府間主義	最適貨幣區域理論	新區域主義	歷史制度論	國際社會化理論
1950 年：巴黎條約（歐洲煤鋼組織）		具有超國家性質，且將相關權力交由			區域社會	歐洲合作的起點	制度建立與規範內化

1952年5月：歐洲防禦共同體（法國反對）		超國家組織			區域共同體	關鍵轉捩點	
1955年6月：Messina 會議（恢復共同市場）	歐洲整合主軸由政治領域轉移至經濟領域					路徑依循（經濟層面）	
1962年：共同農業政策							規範內化
1967年：盧森堡妥協			國家利益至上，並透過各會員國領袖的共識，形塑歐洲發展的重大議題				
1974年：歐洲高峰會議制度化							
1978年：歐洲貨幣體系				形塑貨幣政策的一致性			規範內化、國際制度
1987年：單一歐洲法	建立並深化與擴大共同市場的目標				區域共同體	路徑依循（報酬遞增、自我增強序列）	規範內化、同儕壓力、法制化、國際制度
1992年：馬斯垂克條約				經濟暨貨幣聯盟成立，以及建立東擴後新會員國的準用標準			
1997年：阿姆斯特丹條約		歐盟超國家性質深化					
2001年：尼斯條約							
2004年：歐洲憲法條約		建立單一國家憲法			區域國家	關鍵轉捩點	
2007年：里斯本條約					區域共同體		

資料來源：作者自製

　　由表 6-1 可知上述相關理論與歐洲發展政策的連結性，不過，在解釋歐洲政經整合的理論與政策之際，在歷史脈絡的探討中，由政治領域轉至經濟領域發展的重要因素，即所謂「關鍵轉捩點」的情勢發展，影響歐洲發展路徑甚鉅。

第三節　「關鍵轉捩點」（關鍵時刻）的決策影響

　　在歷史制度論的脈絡中，路徑依循是重要的論述，而在研究路徑依循的脈絡中，關鍵轉捩點被視為相對短的時期，卻在實質上有相當高的機率為行為者所選擇，亦將影響利益的結果。Mahoney 認為關鍵轉捩點會強化國家依循特定路徑發展的可能性，[21]他更指出只有對重要未來結果（important future outcomes）造成影響的抉擇點才是關鍵轉捩點。A. Abbott 則是以「轉折點」（turning point）作為分析社會發展的路徑，這包括穩定的軌道與不穩定轉變時刻，他認為轉折點如同旅程中微小的漣漪，卻能清晰的指示方向的轉變。[22]Collier 則認為構成關鍵轉捩點包含三個要素：先前的情形與條件將定義與限定行為者選擇的範圍；面對關鍵轉捩點或是轉折時刻之際，行為者選擇偶然發生的抉擇；行為者所選擇的結果，則是建立發展型態或是路徑的創造。[23]

---

[21] James Mahoney, "Path-Dependent Explanations of Regime Change: Central America in Comparative Perspective." *Studies in Comparative International Development,* Vol.36, No.1, 2001, p.114.

[22] A. Abbott, *Time matters. On theory and method* (Chicago: Chicago UP, 2001), p.245.

[23] Ruth Collier and David Collier, *Shaping the Political Arena: Critical Junctures,*

所以，當行為者面臨關鍵時刻之際，雖然擁有許多方案可以抉擇，不過，此一偶發轉折點的影響則是在於，當行為者一旦選擇某一特定方案後，就很難重回並未選擇方案的結果，這導因於轉折點造成制度軌跡出現變遷的路徑。準此，在歐洲政經發展的脈絡，從制度與政策的層次分析，政治菁英藉由因應當時的政經情勢所建立的妥協方案抑或政策調整，決定歐洲發展的前景與路徑。亦即，當面臨另一偶發關鍵轉振點之際，歐洲菁英們又會再度選擇適合歐洲發展的路徑，藉以延續歐洲的整合。

筆者試圖從歐盟最早的開端至 2007 年里斯本條約簽署的歷史脈絡進行分析，藉由表 6-2 來說明歐洲菁英如何在關鍵轉捩點的當下，抉擇適當的路徑以及該選擇對於歐洲發展的影響。

表 6-2　歐洲政經發展的鍵轉捩點

	形成原因	制度或政策的建立	對於歐洲政經發展的影響
1950 年：巴黎條約	透過煤與鋼的共管，結合共同利益	超國家組織的建立——歐洲煤鋼共同體（ECSC）	開展以經濟整合為主軸的關鍵
1952 年 5 月：歐洲防禦共同體條約（法國反對）	鑑於韓戰爆發，透過強化西歐國家的防禦，藉以防堵東德軍事再起	希冀建立歐洲防禦共同體	政治議題的整合失利，形成歐洲轉而發展經濟議題的關鍵
1955 年 6 月：Messina 會議（恢復共同市場）	由於政治整合失利，將歐洲發展重心轉移至共同市場的路徑之上	形塑共同市場與歐洲原子能共同體（EAEC）的共識	使歐洲走向共同市場路徑發展的關鍵

the Labor Movement, and Regime Dynamics in Latin America (Princeton: Princeton University Press, 1991), pp.19-21.

1967 年： 盧森堡妥協	基於法國退出參與 共同體相關會議， 導致運作空轉所形 成的方案	共同體的決策程序 由一致決取代多數 決	造成歐體近 20 年 不具超 國家路徑的發展
1978 年： 歐洲貨幣體系	透過建立兌換標準 與計價單位強化經 濟整 合的發展	建立「歐洲貨幣體 系」（EMS）	強化歐體超國家主 義的 關鍵
1979 年： 歐洲議會直選	強化歐體權力來源 的民意基礎與正當 性	歐洲議會議員直選	吸納歐洲民意參與 歐洲決策的關鍵
1987 年： 單一歐洲法	解決自盧森堡妥協 後歐洲發展停滯的 改革	完成無疆界的共同 市場、引入共同合 作程序	賦予共同市場具備 政治目標的關鍵
1992 年： 馬斯垂克條約	建立經濟暨貨幣聯 盟與政治聯盟	建立歐盟發展的 「三根支柱」	形成歐盟超國家主 義與政府間主義發 展的關鍵
1997 年： 阿姆斯特丹條約	形塑歐盟整合的廣 度與深化	建立快速反應部隊 的共識、申根協、 歐元成為法定貨幣 定以及東擴的準備	深化歐盟整合的發 展
2001 年： 尼斯條約	因應東擴後的制度 調整	修訂對於部長理事 會的條件多數決票 數、歐洲議會議員 席次分配等問題	調整會員國增加後 制度運作的關鍵
2004 年： 歐盟憲法條約	走向單一國家型態 的憲政過程	賦予歐盟國際法人 地位、調整條件多 數決的規範、設立 歐盟外交部長等	從經濟整合走向政 治整合的關鍵
2007 年： 里斯本條約	基於歐盟憲法條約 失利後的歐盟未來 發展	大多採納原歐盟憲 法條約之內容，對 於帶有國家意象的 制度設計，則加以 修訂	歐盟在政治整合失 利後，能再度建立 信任並重回以歐洲 為主體發展的關鍵

資料來源：作者自製

　　由表 6-2 的分析可知，二次大戰結束後，在歐洲發展的歷程中，筆者歸納出幾個影響其政經發展的關鍵時刻，其中，包括巴黎條約的簽署，帶動超國家主義的發展；歐洲防禦共同體則是能否走政治整合的關鍵；盧森堡妥協影響歐體的決策方式，也延緩歐洲經濟整合的時程；單一歐洲法的建立則是開啟共同市場的發展；馬斯垂克條約則是形成歐盟三根支柱的發展；尼斯條約確立東擴後歐盟機制的調整；歐盟憲法條約希冀建立單一國家的型態以及其後里斯本條約維繫歐盟持續整合的路徑。準此，在歐洲整合的歷程中，關鍵時刻形塑政治菁英決策的時機，基於其抉擇的結果，建立發展的路徑。以下的章節即是分析幾個影響歐洲政經發展至為深遠的政策。

第七章　結論

　　兩次世界大戰給予「歐洲」在政治、經濟、社會等層面很深的衝擊與歷史的烙印，對於歐洲國家間「統一」的意識也與幾個世紀以來學者與政治家們的建議連結，問題是，該如何著手？隨著 50 年代開始的歐洲煤鋼共同體、歐洲原子能共同體與歐洲經濟共同體的建立，宣告歐洲走上區域整合的時代儼然降臨。

　　綜觀歐洲整合的發展歷程，在理論層面的分析，不論是區域整合理論所包含的功能主義、新功能主義或是自由派政府間主義，抑或關稅同盟理論、最適貨幣區域理論以及財政聯邦主義等，都是鑲嵌著歐盟政策的制訂與執行，其邏輯無非與戰後歐洲復甦的經濟政策相關。新區域主義的分析途徑依循著歐盟發展的軌跡，結合其分析的論點，將歐洲區域化視為是一種涉及不同程度的異質性到不斷增加的同質性變化的過程，強調文化、安全、經濟政策與政治制度的變化，並研究歐洲區域化如何在世界體系結構、區域間層次與單一區域內的複雜變化過程中調適。

　　歷史制度論雖有後見之明的批判，但對於歐洲的研究，卻是提供制度建立與變遷的路徑分析，尤其在歐洲政治菁英面臨關鍵時刻之際，如何選擇建立制度與制訂政策，對於歐洲的發展皆產生關鍵的影響。而對於國際社會化理論研究歐洲發展的觀點上，會員國間

的學習形塑區域整合的動能，再加上國際組織與同儕國家間的影響，強化歐盟在經濟議題與東擴政策的執行。

　　所以，研究歐洲政經整合歷程的理論，連結歐洲在戰後制訂的政策，不過，其背後更為重要的脈絡在於「歐洲認同」的延續。就歐盟政策與制度的層面而論，「單一歐洲法」形塑共同體的建立，形塑會員國間對於超國家主義制度的認同，「馬斯垂克條約」的簽署則是代表歐洲走向單一經濟體的道路，其中「經濟暨貨幣貨幣政策」的制訂與執行意味著歐洲經濟政策的認同，並建立釋放部分主權的制度。

　　歐盟東擴政策延伸了歐洲區域整合的地緣因素，更象徵對於歐洲版圖的認同，歐盟憲法則是代表著政治（國家）的認同，強化歐洲走向單一國家的目標。準此，不論是基於安全因素，還是經濟合作抑或政治統一的思維，或是路徑依循的制度變遷，抑或社會化的結果，當面臨關鍵時刻之際，回歸民主程序所重視的民意與民主參與，包括：建立歐洲的市民社會、建立歐洲的政治公共領域與創造歐洲公民皆能參與的政治文化，藉以維護歐盟政策與制度運作的正當性以及減少民主赤字的衝擊，都在在顯示「歐洲認同」的邏輯。亦即，歐盟的政策與制度的建立都鑲嵌著「歐洲認同」。

　　準此，歐洲政經發展的歷程，與其說是制度的建立或是區域整合的實踐、抑或政治整合發展的前景，到不如將之視為「價值共同體」更為貼切。不論是單一市場架構下會員國家間的經濟指標一體化，或是東歐國家加入歐盟所需達到的「哥本哈根標準」，還是歐盟憲法中所希冀完成的單一國家制度，都在體現歐盟會員國家間的集體認同，進而形塑核心的共有價值。

　　作為一位歐洲事務的研究者，筆者希冀透過本書的演繹，能對於歐洲研究的相關理論、政策分析與制度建立的關連性，提出符合歐洲認同的價值闡釋，這也是基於筆者對於歐洲政經發展的認識論所致，更希望能對於此一領域的研究提供另一種思維的途徑。

◎ 歐洲政經整合的三重奏

附錄　里斯本條約（摘錄）

Treaty of Lisbon amending the Treaty on European Union and the Treaty establishing the European Community, signed at Lisbon, 13 December 2007

Contents

AMENDMENTS TO THE TREATY ON EUROPEAN UNION AND TO THE TREATY ESTABLISHING THE EUROPEAN COMMUNITY

PROTOCOLS

A. Protocols to be annexed to the Treaty on European Union, to the Treaty on the Functioning of the European Union and, where applicable, to the Treaty establishing the European Atomic Energy Community

B. Protocols to be annexed to the Treaty of Lisbon

ANNEX

Final Act of the Intergovernmental Conference

摘錄與本書相關之部分條約內容：

Article 1

The Treaty on European Union shall be amended in accordance with the provisions of this Article.

Article 1a

The Union is founded on the values of respect for human dignity, freedom, democracy, equality, the rule of law and respect for human rights, including the rights of persons belonging to minorities. These values are common to the Member States in a society in which pluralism, non-discrimination, tolerance, justice, solidarity and equality between women and men prevail.'

TITLE II PROVISIONS ON DEMOCRATIC PRINCIPLES

Article 8

In all its activities, the Union shall observe the principle of the equality of its citizens, who shall receive equal attention from its institutions, bodies, offices and agencies. Every national of a Member State shall be a citizen of the Union. Citizenship of the Union shall be additional to national citizenship and shall not replace it.

Article 8 A

1. The functioning of the Union shall be founded on representative democracy.

2. Citizens are directly represented at Union level in the European Parliament.

   Member States are represented in the European Council by their Heads of State or Government and in the Council by their governments, themselves democratically accountable either to their national Parliaments, or to their citizens.

3. Every citizen shall have the right to participate in the democratic life of the Union.

   Decisions shall be taken as openly and as closely as possible to the citizen.

4. Political parties at European level contribute to forming European political awareness and to expressing the will of citizens of the Union.

Article 8 B

1. The institutions shall, by appropriate means, give citizens and representative associations the opportunity to make known and publicly exchange their views in all areas of Union action.

2. The institutions shall maintain an open, transparent and regular dialogue with representative associations and civil society.

3. The European Commission shall carry out broad consultations with parties concerned in order to ensure that the Union's actions are coherent and transparent.

4. Not less than one million citizens who are nationals of a significant number of Member States may take the initiative of inviting the European Commission, within the framework of its powers, to submit any appropriate proposal on matters where citizens consider that a legal act of the Union is required for the purpose of implementing the Treaties.

   The procedures and conditions required for such a citizens' initiative shall be determined in accordance with the first paragraph of Article 21 of the Treaty on the Functioning of the European Union.

Article 8 C

National Parliaments contribute actively to the good functioning of the Union:

(a) through being informed by the institutions of the Union and having draft legislative acts of the Union forwarded to them in accordance with the Protocol on the role of national Parliaments in the European Union;

(b) by seeing to it that the principle of subsidiarity is respected in accordance with the procedures provided for in the Protocol on the application of the principles of subsidiarity and proportionality;

(c) by taking part, within the framework of the area of freedom, security and justice, in the evaluation mechanisms for the implementation of the Union policies in that area, in accordance with Article 61 C of the Treaty on the Functioning of the European Union, and through being involved in the political monitoring of Europol and the evaluation of Eurojust's activities in accordance with Articles 69 G and 69 D of that Treaty;

(d) by taking part in the revision procedures of the Treaties, in accordance with Article 48 of this Treaty;

(e) by being notified of applications for accession to the Union, in accordance with Article 49 of this Treaty;

(f) by taking part in the inter-parliamentary cooperation between national Parliaments and with the European Parliament, in accordance with the Protocol on the role of national Parliaments in the European Union.'

TITLE III   PROVISIONS ON THE INSTITUTIONS

Article 9

1. The Union shall have an institutional framework which shall aim to promote its values, advance its objectives, serve its interests, those of its citizens and those of the Member States, and ensure the consistency, effectiveness and continuity of its policies and actions.

    The Union's institutions shall be:

    — the European Parliament,

    — the European Council,

    — the Council,

    — the European Commission (hereinafter referred to as "the Commission"),

    — the Court of Justice of the European Union,

    — the European Central Bank,

    — the Court of Auditors.

2. Each institution shall act within the limits of the powers conferred on it in the Treaties, and in conformity with the procedures, conditions and objectives set out in them. The institutions shall practice mutual sincere cooperation.

3. The provisions relating to the European Central Bank and the Court of Auditors and detailed provisions on the other institutions are set out in the Treaty on the Functioning of the European Union.

4. The European Parliament, the Council and the Commission shall be assisted by an economic and Social Committee and a Committee of the Regions acting in an advisory capacity.'.

Article 9 A

1. The European Parliament shall, jointly with the Council, exercise legislative and budgetary functions. It shall exercise functions of political control and consultation as laid down in the Treaties. It shall elect the President of the Commission.

2. The European Parliament shall be composed of representatives of the Union's citizens.

They shall not exceed seven hundred and fifty in number, plus the President.

Representation of citizens shall be degressively proportional, with a minimum threshold of six members per Member State. No Member State shall be allocated more than ninety-six seats.

The European Council shall adopt by unanimity, on the initiative of the European Parliament and with its consent, a decision establishing the composition of the European

Parliament, respecting the principles referred to in the first subparagraph.

3. The members of the European Parliament shall be elected for a term of five years by direct universal suffrage in a free and secret ballot.

4. The European Parliament shall elect its President and its officers from among its members.'.

Article 9 B

1. The European Council shall provide the Union with the necessary impetus for its development and shall define the general political directions and priorities thereof. It shall not exercise legislative functions.

2. The European Council shall consist of the Heads of State or Government of the Member States, together with its President and the President of the Commission. The High Representative of the Union for Foreign Affairs and Security Policy shall take part in its work.

3. The European Council shall meet twice every six months, convened by its President.

When the agenda so requires, the members of the European Council may decide each to be assisted by a minister and, in the case of the President of the Commission, by a member of the Commission. When the situation so requires, the President shall convene a special meeting of the European Council.

4. Except where the Treaties provide otherwise, decisions of the European Council shall be taken by consensus.

5. The European Council shall elect its President, by a qualified majority, for a term of two and a half years, renewable once. In the event of an impediment or serious misconduct, the European Council can end the President's term of office in accordance with the same procedure.

6. The President of the European Council:

(a) shall chair it and drive forward its work;

(b) shall ensure the preparation and continuity of the work of the European Council in cooperation with the President of the Commission, and on the basis of the work of the General Affairs Council;

(c) shall endeavour to facilitate cohesion and consensus within the European Council;

(d) shall present a report to the European Parliament after each of the meetings of the European Council.

The President of the European Council shall, at his level and in that capacity, ensure the external representation of the Union on issues concerning its common foreign and security policy, without prejudice to the powers of the High Representative of the Union for Foreign Affairs and Security Policy.

The President of the European Council shall not hold a national office.

Article 9 C

1. The Council shall, jointly with the European Parliament, exercise legislative and budgetary functions. It shall carry out policy-making and coordinating functions as laid down in the Treaties.

2. The Council shall consist of a representative of each Member State at ministerial level, who may commit the government of the Member State in question and cast its vote.

3. The Council shall act by a qualified majority except where the Treaties provide otherwise.

4. As from 1 November 2014, a qualified majority shall be defined as at least 55 % of the members of the Council, comprising at least fifteen of them and representing Member States comprising at least 65 % of the population of the Union.

   A blocking minority must include at least four Council members, failing which the qualified majority shall be deemed attained.

   The other arrangements governing the qualified majority are laid down in Article 205(2) of the Treaty on the Functioning of the European Union.

5. The transitional provisions relating to the definition of the qualified majority which shall be applicable until 31 October 2014 and those which shall be applicable from 1 November 2014 to 31 March 2017 are laid down in the Protocol on transitional provisions.

6. The Council shall meet in different configurations, the list of which shall be adopted in accordance with Article 201b of the Treaty on the Functioning of the European Union.

The General Affairs Council shall ensure consistency in the work of the different Council configurations. It shall prepare and ensure the follow-up to meetings of the European Council, in liaison with the President of the European Council and the Commission.

The Foreign Affairs Council shall elaborate the Union's external action on the basis of strategic guidelines laid down by the European Council and ensure that the Union's action is consistent.

7. A Committee of Permanent Representatives of the Governments of the Member States shall be responsible for preparing the work of the Council.

8. The Council shall meet in public when it deliberates and votes on a draft legislative act.

To this end, each Council meeting shall be divided into two
parts, dealing respectively with deliberations on Union
legislative acts and non-legislative activities.

9. The Presidency of Council configurations, other than that of
Foreign Affairs, shall be held by Member State representatives
in the Council on the basis of equal rotation, in accordance with
the conditions established in accordance with Article 201b of
the reaty on the Functioning of the European Union.'

Article 9 D

1. The Commission shall promote the general interest of the
Union and take appropriate initiatives to that end. It shall
ensure the application of the Treaties, and of measures adopted
by the institutions pursuant to them. It shall oversee the
application of Union law under the control of the Court of
Justice of the European Union. It shall execute the budget and
manage programmes. It shall exercise coordinating, executive
and management functions, as laid down in the Treaties. With
the exception of the common foreign and security policy, and
other cases provided for in the Treaties, it shall ensure the
Union's external representation. It shall initiate the Union's
annual and multiannual programming with a view to achieving
interinstitutional agreements.

2. Union legislative acts may only be adopted on the basis of a Commission proposal, except where the Treaties provide otherwise. Other acts shall be adopted on the basis of a Commission proposal where the Treaties so provide.

3. The Commission's term of office shall be five years.

   The members of the Commission shall be chosen on the ground of their general competence and European commitment from persons whose independence is beyond doubt.

   In carrying out its responsibilities, the Commission shall be completely independent. Without prejudice to Article 9 E(2), the members of the Commission shall neither seek nor take instructions from any Government or other institution, body, office or entity. They shall refrain from any action incompatible with their duties or the performance of their tasks.

4. The Commission appointed between the date of entry into force of the Treaty of Lisbon and 31 October 2014 shall consist of one national of each Member State, including its President and the High Representative of the Union for Foreign Affairs and Security Policy who shall be one of its Vice-Presidents.

5. As from 1 November 2014, the Commission shall consist of a number of members, including its President and the High Representative of the Union for Foreign Affairs and Security Policy, corresponding to two thirds of the number of Member

States, unless the European Council, acting unanimously, decides to alter this number.

The members of the Commission shall be chosen from among the nationals of the Member States on the basis of a system of strictly equal rotation between the Member States, reflecting the demographic and geographical range of all the Member States. This system shall be established unanimously by the European Council in accordance with Article 211a of the Treaty on the Functioning of the European Union.

6. The President of the Commission shall:

   (a) lay down guidelines within which the Commission is to work;

   (b) decide on the internal organisation of the Commission, ensuring that it acts consistently, efficiently and as a collegiate body;

   (c) appoint Vice-Presidents, other than the High Representative of the Union for Foreign Affairs and Security Policy, from among the members of the Commission.

   A member of the Commission shall resign if the President so requests. The High Representative of the Union for Foreign Affairs and Security Policy shall resign, in accordance with the procedure set out in Article 9 E(1), if the President so requests.

7. Taking into account the elections to the European Parliament and after having held the appropriate consultations, the

European Council, acting by a qualified majority, shall propose to the European Parliament a candidate for President of the Commission. This candidate shall be elected by the European Parliament by a majority of its component members. If he does not obtain the required majority, the European Council, acting by a qualified majority, shall within one month propose a new candidate who shall be elected by the European Parliament following the same procedure.

The Council, by common accord with the President-elect, shall adopt the list of the other persons whom it proposes for appointment as members of the Commission. They shall be selected, on the basis of the suggestions made by Member States, in accordance with the criteria set out in paragraph 3, second subparagraph, and paragraph 5, second subparagraph.

The President, the High Representative of the Union for Foreign Affairs and Security Policy and the other members of the Commission shall be subject as a body to a vote of consent by the European Parliament. On the basis of this consent the Commission shall be appointed by the European Council, acting by a qualified majority.

8. The Commission, as a body, shall be responsible to the European Parliament. In accordance with Article 201 of the Treaty on the Functioning of the European Union, theEuropean Parliament may vote on a motion of censure of the Commission.

If such a motion is carried, the members of the Commission shall resign as a body and the High Representative of the Union for Foreign Affairs and Security Policy shall resign from the duties that he carries out in the Commission.'

Article 9 E

1. The European Council, acting by a qualified majority, with the agreement of the President of the Commission, shall appoint the High Representative of the Union for Foreign Affairs and Security Policy. The European Council may end his term of office by the same procedure.

2. The High Representative shall conduct the Union's common foreign and security policy.

   He shall contribute by his proposals to the development of that policy, which he shall carry out as mandated by the Council. The same shall apply to the common security and defence policy.

3. The High Representative shall preside over the Foreign Affairs Council.

4. The High Representative shall be one of the Vice-Presidents of the Commission. He shall ensure the consistency of the Union's external action. He shall be responsible within the Commission for responsibilities incumbent on it in external relations and for coordinating other aspects of the Union's external action. In

exercising these responsibilities within the Commission, and only for these responsibilities, the High Representative shall be bound by Commission procedures to the extent that this is consistent with paragraphs 2 and 3.'.

Article 10

1. Member States which wish to establish enhanced cooperation between themselves within the framework of the Union's non-exclusive competences may make use of its institutions and exercise those competences by applying the relevant provisions of the Treaties, subject to the limits and in accordance with the detailed arrangements laid down in this Article and in Articles 280 A to 280 I of the Treaty on the Functioning of the European Union.

   Enhanced cooperation shall aim to further the objectives of the Union, protect its interests and reinforce its integration process. Such cooperation shall be open at any time to all Member States, in accordance with Article 280 C of the Treaty on the Functioning of the European Union.

2. The decision authorising enhanced cooperation shall be adopted by the Council as a last resort, when it has established that the objectives of such cooperation cannot be attained within a reasonable period by the Union as a whole, and provided that at least nine Member States participate in it. The

Council shall act in accordance with the procedure laid down in Article 280 D of the Treaty on the Functioning of the European Union.

3. All members of the Council may participate in its deliberations, but only members of n the Council representing the Member States participating in enhanced cooperation hall take part in the vote. The voting rules are set out in Article 280 E of the Treaty on the Functioning of the European Union.

4. Acts adopted in the framework of enhanced cooperation shall bind only participating Member States. They shall not be regarded as part of the acquis which has to be   accepted by candidate States for accession to the Union.'

An Article 28 A shall be inserted, taking over the wording of Article 17, with the following amendments:

(a) the following new paragraph 1 shall be inserted and the next paragraph shall be renumbered 2:

1. The common security and defence policy shall be an integral part of the common foreign and security policy. It shall provide the Union with an operational capacity drawing on civilian and military assets. The Union may use them on missions outside the Union for peace-keeping, conflict prevention and strengthening international security in accordance with the principles of the United Nations Charter. The performance of

these tasks shall be undertaken using capabilities provided by the Member States.';

(b) paragraph 1, renumbered 2, shall be amended as follows:

(i) the first subparagraph shall be replaced by the following:

2. The common security and defence policy shall include the progressive framing of a common Union defence policy. This will lead to a common defence, when the European Council, acting unanimously, so decides. It shall in that case recommend to the Member States the adoption of such a decision in accordance with their respective constitutional requirements.';

(ii) in the second subparagraph, the words 'in accordance with this Article' shall be replaced by 'in accordance with this Section';

(iii) the third subparagraph shall be deleted.

(c) the present paragraphs 2, 3, 4 and 5 shall be replaced by the following paragraphs 3 to 7:

3. Member States shall make civilian and military capabilities available to the Union for the implementation of the common security and defence policy, to contribute to the objectives defined by the Council. Those Member States which together establish multinational forces may also make them available to the common security and defence policy.

Member States shall undertake progressively to improve their military capabilities. The Agency in the field of defence capabilities development, research, acquisition and armaments (hereinafter referred to as "the European Defence Agency") shall identify operational requirements, shall promote measures to satisfy those requirements, shall contribute to identifying and, where appropriate, implementing any measure needed to strengthen the industrial and technological base of the defence sector, shall participate in defining a European capabilities and armaments policy, and shall assist the Council in evaluating the improvement of military capabilities.

4. Decisions relating to the common security and defence policy, including those initiating a mission as referred to in this Article, shall be adopted by the Council acting unanimously on a proposal from the High Representative of the Union for Foreign Affairs and Security Policy or an initiative from a Member State. The High Representative may propose the use of both national resources and Union instruments, together with the Commission where appropriate.

5. The Council may entrust the execution of a task, within the Union framework, to a group of Member States in order to protect the Union's values and serve its interests.

   The execution of such a task shall be governed by Article 28 C.

6. Those Member States whose military capabilities fulfil higher criteria and which have made more binding commitments to one another in this area with a view to the most demanding missions shall establish permanent structured cooperation

within the Union framework. Such cooperation shall be governed by Article 28 E. It shall not affect the provisions of Article 28 B.

7. If a Member State is the victim of armed aggression on its territory, the other Member States shall have towards it an obligation of aid and assistance by all the means in their power, in accordance with Article 51 of the United Nations Charter. This shall not prejudice the specific character of the security and defence policy of certain Member States.

Article 28 D

1. The European Defence Agency referred to in Article 28 A(3), subject to the authority of the Council, shall have as its task to:

   (a) contribute to identifying the Member States' military capability objectives and evaluating observance of the capability commitments given by the Member States;

   (b) promote harmonisation of operational needs and adoption of effective, compatible procurement methods;

   (c) propose multilateral projects to fulfil the objectives in terms of military capabilities, ensure coordination of the programmes implemented by the Member States and management of specific cooperation programmes;

(d) support defence technology research, and coordinate and plan joint research activities and the study of technical solutions meeting future operational needs;

(e) contribute to identifying and, if necessary, implementing any useful measure for strengthening the industrial and technological base of the defence sector and for improving the effectiveness of military expenditure.

2. The European Defence Agency shall be open to all Member States wishing to be part of it. The Council, acting by a qualified majority, shall adopt a decision defining the Agency's statute, seat and operational rules. That decision should take account of the level of effective participation in the Agency's activities. Specific groups shall be set up within the Agency bringing together Member States engaged in joint projects. The Agency shall carry out its tasks in liaison with the Commission where necessary.

Article 28 E

1. Those Member States which wish to participate in the permanent structured cooperation referred to in Article 28 A(6), which fulfil the criteria and have made the commitments on military capabilities set out in the Protocol on permanent structured cooperation, shall notify their intention to the

Council and to the High Representative of the Union for Foreign Affairs and Security Policy.

2. Within three months following the notification referred to in paragraph 1 the Council shall adopt a decision establishing permanent structured cooperation and determining the list of participating Member States. The Council shall act by a qualified majority after consulting the High Representative.

3. Any Member State which, at a later stage, wishes to participate in the permanent structured cooperation shall notify its intention to the Council and to the High Representative.

The Council shall adopt a decision confirming the participation of the Member State concerned which fulfils the criteria and makes the commitments referred to in Articles and 2 of the Protocol on permanent structured cooperation. The Council shall act by a qualified majority after consulting the High Representative. Only members of the Council representing the participating Member States shall take part in the vote.

A qualified majority shall be defined in accordance with Article 205(3)(a) of the Treaty on the Functioning of the European Union.

4. If a participating Member State no longer fulfils the criteria or is no longer able to meet the commitments referred to in Articles 1 and 2 of the Protocol on permanent structured

cooperation, the Council may adopt a decision suspending the participation of the Member State concerned.

The Council shall act by a qualified majority. Only members of the Council representing the participating Member States, with the exception of the Member State in question, shall take part in the vote.

A qualified majority shall be defined in accordance with Article 205(3)(a) of the Treaty on the Functioning of the European Union.

5. Any participating Member State which wishes to withdraw from permanent structured cooperation shall notify its intention to the Council, which shall take note that the member State in question has ceased to participate.

Article 49 A

1. Any Member State may decide to withdraw from the Union in accordance with its own constitutional requirements.

2. A Member State which decides to withdraw shall notify the European Council of its intention. In the light of the guidelines provided by the European Council, the Union shall negotiate and conclude an agreement with that State, setting out the arrangements for its withdrawal, taking account of the framework for its future relationship with the Union. That agreement shall be negotiated in accordance with Article 188

N(3) of the Treaty on the Functioning of the European Union. It shall be concluded on behalf of the Union by the Council, acting by a qualified majority, after obtaining the consent of the European Parliament.

3. The Treaties shall cease to apply to the State in question from the date of entry into force of the withdrawal agreement or, failing that, two years after the notification referred to in paragraph 2, unless the European Council, in agreement with the Member State concerned, unanimously decides to extend this period.

4. For the purposes of paragraphs 2 and 3, the member of the European Council or of the Council representing the withdrawing Member State shall not participate in the discussions of the European Council or Council or in decisions concerning it.

A qualified majority shall be defined in accordance with Article 205(3)(b) of the Treaty on the Functioning of the European Union.

◎ 歐洲政經整合的三重奏

參考書目

壹、中文部分

一、中文書籍

王泰銓，1997，《歐洲共同體法總論》。台北：三民書局。

王皓昱，1997，《歐洲合眾國——歐洲政治統合理想實踐》。台北：揚智文化事業出版社。

王騰坤，1997，《歐洲貨幣整合：理論分析與現況探討》。台北：商田出版社。

王萬里譯，1999，Nicholas Moussis 著，《歐盟手冊：前進歐洲》。台北：中國生產力中心。

向宇譯，2003，Sylvester C.W. Eijffinger and Jakob De Haan 著，《歐洲中央銀行：透明性、集中性》。北京：中國人民大學出版社。

吳錫德，1990，《認識新歐洲：歐洲整合與單一市場》。台北：遠流。

沈玄池、洪德欽主編，1998，《歐洲聯盟：理論與政策》。台北：中央研究院歐美研究所。

洪德欽主編，2006.11，《歐洲聯盟人權保障》。台北：中央研究院歐美研究所。

，2007.08，《歐盟憲法》。台北：中央研究院歐美研究所。

翁明賢等著，1994，《歐洲區域組織新論》。台北：五南圖書。

柯志明，2001，《番頭家：清代台灣族群政治與熟番地權》。台北：中央研究院社會學研究所。

馬勝利與郇楊主編，2008，《歐洲認同研究》。北京：社會科學文獻出版社。

康德著，1980，《歷史理性批判文集》。北京：商務印書館。

張亞中，1998，《歐洲統合：政府間主義與超國家主義的互動》。台北：揚智。

張顯耀，1995，《歐洲聯盟發展「共同外交暨安全政策」之研究》。台北：幼獅。

張淑靜，2006，《歐盟東擴後的經濟一體化》。北京：北京大學出版社。

許連高譯，Jean De Ruyt 著，1991，《透視單一歐洲法案：從歐市邁向聯盟之路》。台北：遠流。

陳麗娟，1996，《歐洲共同體法導論》。台北：五南書局。

陶在樸，1993，《歐洲共同體透視——兼論中華共同體》。台北：五南。

周弘主編，2004，《歐洲一體化與歐盟治理》。北京：中國社會科學出版社。

章鴻康，1991，《歐洲共同體法概論》。台北：遠流出版社。

曾令良，1994，《歐洲聯盟與現代國際法》。台北：志一。

程勝利譯，2005，《信任——一種社會學理論》。北京：中華書局。

黃偉峰主編，2003，《歐洲聯盟的組織與運作》。台北：五南。

鄒忠科，1996，《中立國家之新角色——奧地利加入歐洲聯盟與歐洲統合》。台北：五南。

齊思賢譯，1999，David Smith 著，《歐元啟示錄——轉捩點上的五條路》。台北：先覺出版。

鄭耀東，1998，《歐元-改變世界經濟格局的跨國貨幣》。北京：中國財政經濟出版社。

二、期刊

Dr. Ludger Giesberts、張炳煌，1997，〈經濟及財政手段：歐洲聯盟政策及貿易政策與二氧化碳/能源稅之關係〉，《律師雜誌》，第 215 期，頁 63-74。

Helmut Wagner，2006，〈歐盟的法律地位〉，《問題與研究》，第 45 卷，第 4 期，頁 123-136。

巴斯卡・威念松，2007.09，〈歐盟解除對中國武器禁運－象徵與策略〉，《歐美研究季刊》，第 37 卷，第 3 期，頁 417-444。

王玉葉，2000.06，〈歐洲聯盟之輔助原則〉，《歐美研究季刊》，第 30 卷，第 2 期，頁 1-30。

王泰銓，1996，〈歐洲共同體法之性質〉，《國立台灣大學法學論叢》，第 25 卷，第 3 期，頁 173-201。

王啟明，2002，〈歐洲聯盟政策制訂過程之個案研究〉，《問題與研究》，第 41 卷，第 5 期，頁 87-110。

王皓昱，1997，《歐洲合眾國──歐洲政治統合理想之實踐》。台北：揚智文化事業股份有限公司。

古允文，1997，〈超級福利國家？「歐洲聯盟」社會政策的發展〉，《社會政策與社會工作學刊》，第 1 卷，第 1 期，頁 133-160。

甘逸驊，1993.10，〈一九九二年歐洲單一市場之評估〉，《問題與研究》，第 32 卷，第 9 期，頁 53-66。

_____，2006，〈「歐洲安全與防衛政策」的軍事層面：歐盟的全球戰略地位〉，《問題與研究》，第 45 卷，第 5 期，頁 111-136。

_____，2007，〈歐盟「柔性強權」身份認同的建構與批判〉，《問題與研究》，第 46 卷，第 4 期，頁 1-25。

_____，2008，〈歐盟與美國的權力關係：「柔性平衡」的適用性〉，《問題與研究》，第 47 卷，第 2 期，頁 1-24。

朱景鵬，1996，〈歐洲議會之理論與實際〉，《美歐季刊》，第 11 卷，第 7 期，4-28。

_____，2008.09，〈土耳其加入歐洲聯盟之進程與爭辯〉，《問題與研究》，第 47 卷，第 3 期，頁 75-103。

克里斯多福‧丹特、戴蓓拉‧強生，2000.03，〈台灣及歐聯經濟關係：歐洲觀點〉，《歐美研究季刊》，第 30 卷，第 1 期，頁 109-157。

吳秀玲、陳信宏，1998，〈歐洲聯盟經濟：回顧與展望〉，《經濟前瞻》，第 55 期，頁 82-84。

吳東野，1993.03，〈歐洲共同體國家選舉制度之比較〉，《問題與研究》，第 32 卷，第 3 期，頁 22-44。

_____，1994.05，〈歐洲聯盟成員國之擴增〉，《美歐月刊》，第 9 卷，第 5 期，頁 37-50。

_____，1997.11，〈歐洲聯盟條約輔助原則條款之理論分析〉，《問題與研究》，第 33 卷，第 11 期，頁 11-20。

_____，2006，〈後冷戰時期歐盟對中亞地區之戰略作為〉，《問題與研究》，第 45 卷，第 4 期，頁 1-30。

宋燕輝，1997，〈歐洲聯盟共同漁業政策〉，《美歐季刊》，第 12 卷，第 3 期，頁 93-141。

李昌麟，2005.07，〈歐洲憲法與歐洲聯盟會員國投票表決程序之探討〉，《全球政治評論》，第 11 期，頁 143-166。

李貴英，1999，〈歐元區對外代表之法律問題〉，《問題與研究》，第 38 卷，第 12 期，頁 73-84。

_____，1999.01，〈阿姆斯特丹條約關於歐洲聯盟機構改革事宜之評估〉，《問題與研究》，第 38 卷，第 1 期，頁 49-62。

_____，1999.12，〈歐元區對外代表之法律問題〉，《問題與研究》，第 38 卷，第 12 期，頁 73-84。

_____，2004.12，〈歐洲共同體對開發中國家之優惠待遇──法律規範與經濟發展〉，《歐美研究季刊》，第 34 卷，第 4 期，頁 675-735。

呂育誠，2002，〈公共組織變革的另類思惟：歷史制度主義觀點的啟示〉，《公共行政學報(政大)》，第 7 期，頁 137-172。

沈玄池，1993.3，〈歐洲單一市場對歐美經貿關係的衝擊〉，《美國月刊》，頁 53-61。

_____，1998.01，〈歐盟共同外交暨安全政策之功效與極限：歐盟之南斯拉夫政策個案研究〉，《歐洲聯盟：理論與政策》，台北：中央研究院歐美研究所，頁 335-381。

_____，2000.09，〈歐洲聯盟共同外交暨安全政策體制與運作方式改革之研究〉，《美歐季刊》，第 14 卷，第 3 期，頁 263-304。

_____，2002.08，〈由歐洲統合模式評析兩岸之整合〉，《全球政治評論》，創刊號第 1 期，頁 1-32。

_____，2004.09，《「如何加強與歐洲聯盟關係」研究報告》，行政院外交部委託研究。

_____，2005.01，〈歐洲聯盟第五次擴大對其共同外交暨安全政策影響〉，《全球政治評論》，第 9 期，頁 1-22。

卓忠宏，2004，〈歐盟地中海〉，《問題與研究》，第 43 卷，第 4 期，頁 95-114。

周天，1998，〈歐洲聯盟反傾銷制度下之反規避條款〉，《貿易調查專刊》，第三期，頁 111-131。

周月卿，1993，〈從歐洲同盟條約探討歐洲共同體經濟及貨幣同盟之發展〉，《經設法制論叢》，第 2 期，頁 331-361。

_____，1993，〈歐洲共同體經濟暨貨幣同盟發展之研究〉，《台灣經濟金融月刊》，第 29 卷，第 2 期，頁 47-53。

周幼明，1995，〈從德法兩國歷史的競合關係探討歐洲單一貨幣之前途〉，《合作經濟》，第 48 期，頁 48-54。

_____，1995，〈歐洲聯盟貨幣整合問題及發展探討〉，《今日合庫》，第 21 卷，第 9 期，頁 34-45。

周德旺，1996，〈歐洲共同體行政執行程序與司法濟制度之研究〉，《美歐季刊》，第 11 卷，第 2 期，頁 109-127。

_____，1996，〈歐洲共同體勞工自由流通權之研究〉，《美歐季刊》，第 11 卷，第 7 期，頁 57-76。

林鈺雄，2006.03，〈證人概念與對質詰問權——以歐洲人權法院相關裁判為中心〉，《歐美研究季刊》，第 36 卷，第 1 期，頁 121-174。

況正吉，2003，〈歐盟東擴進程及其面臨之挑戰〉，《問題與研究》，第 42 卷，第 5 期，頁 25-54。

邱垂泰、邱志淳，1991，〈羅馬條約及區域整合理論——歐洲共同體經濟整合理論初析〉，《世界新聞傳播學院學報》，第 1 期，頁 199-216。

_____，1994，〈經濟整合的法律政治意涵-歐洲共同體經濟整合模式之研究〉，《世界新聞傳播學院學報》，第 4 期，頁 209-241。

施遘驊，1996，〈歐洲聯盟銀行業市場整合的發展〉，《美歐月刊》，第 11 卷，第 9 期，頁 18-33。

洪茂雄，1996，〈歐洲理事會擴大組織的背景與意義〉，《美歐月刊》，第 11 卷，第 8 期，頁 100-114。

洪德欽，1996，〈歐聯、美國與世貿組織農產品貿易政策之綜合研究〉，《歐美研究》，第 26 卷，第二期，頁 33-91。

_____，1990，〈1992 年歐市單一市場之戰略分析〉，《中華戰略季刊》，頁 135-165。

_____，1993，〈歐洲共同體與中華經濟共同區〉，《德華學術學會》，頁 14-24。

_____，1999.06，〈歐元之法律分析〉，《歐美研究》，第 29 卷，第 2 期，頁 171-272。

_____，1999.09，〈歐體銀行自由化之研究〉，《歐美研究》，第 29 卷，第 3 期，頁 77-141。

_____，2000.09，〈歐洲中央銀行之對外關係〉，《美歐季刊》，第 13 卷，
　　第 3 期　，頁 305-331。

_____，2001.09，〈英國如何看歐洲統合〉，《當代》，第 169 期，頁 48-67。

_____，2001.12，〈「歐洲聯盟重要法政議題」〉專號序，《歐美研究季刊》，
　　第 31 卷，第 4 期，頁 627-628。

_____，2001.12，〈歐洲聯盟銀行監理體系之研究〉，《歐美研究季刊》，
　　第 31 卷，第 4 期，頁 819-895。

_____，2004.03，〈緒論：歐洲聯盟人權保障之建構與實踐〉，《歐美研究》，
　　第 34 卷，第 1 期「歐洲聯盟人權保障」專號，頁 1-7。

_____，2004.03，〈歐盟對外貿易與發展協定之人權條款──規定與實
　　踐〉，《歐美研究》，第 34 卷，第 1 期，「歐洲聯盟人權保障」專號，
　　頁 143-202。

_____，2004.09，〈歐洲中央銀行獨立性之研究〉，《台大法學論叢》，第
　　33 卷，第 5 期，頁 215-278。

_____，2005.12，〈歐盟基因改造食品延宕核准審查之爭端〉，《中華國際
　　法與超國界法評論》，第 1 卷，第 2 期，頁 405-451。

_____，2006.09，〈歐元之國際經濟地位？（The Role of the Euro in
　　International Economy）〉，《政治科學論叢》，第 29 期，頁 9-30。

_____，2006.09，〈歐元之國際經濟地位〉，《政治科學論叢》，第 29 期，
　　頁 9-30。

_____，2007.06，〈歐盟憲法之法理分析〉，《歐美研究》，第 37 卷，第 2
　　期，頁 253-321。

_____，2008.07，〈歐盟憲法〉，《中央研究院重要研究成果》，修正版，
　　台北：中央研究院，頁 112-113。

涂鳳美，1996，〈歐洲單一貨幣的推動及其影響〉，《今日合庫》，第 22 卷，
　　第 5 期，頁 35-43。

翁明賢，1994，〈後冷戰時期北約與歐洲安全關係〉，《美歐月刊》，第 9 卷，
　　第 8 期，頁 4-18。

馬千惠，1995，〈歐洲貨幣整合之探討〉，《美歐月刊》，第 10 卷，第 9 期，
　　頁 44-60。

張文貞，2005.12，〈建構聯邦原則──歐盟與美國的比較研究〉，《歐美研
　　究季刊》，第 35 卷，第 4 期，頁 733-773。

張台麟，1992.08，〈歐洲共同體執行委員會之功能與角色〉，《問題與研究》，第 31 卷，第 8 期，頁 50-60 。

_____，1993，〈歐洲共同體議會之功能與角色〉，《問題與研究》，第 32 卷，第 3 期，頁 45-54。

_____，1999，〈兩岸未來之認同與統合：歐盟模式的思考〉，《問題與研究》，第 38 卷，第 10 期，頁 1-25。

_____，2006，〈歐洲聯盟中國政策的戰略分析〉，《問題與研究》，第 45 卷，第 4 期，頁 31-62。

張芝颿、辛翠玲，2003，〈歐盟對外貿易談判──從制度面看執委會與理事會之互動〉，《問題與研究》，第 42 卷，第 3 期，頁 121-138。

張惠玲，2000，〈歐盟「共同外交暨安全政策」之運作理論與發展〉，《問題與研究》，第 39 卷，第 11 期，頁 49-70。

張健雄，1997，〈歐洲貨幣聯盟轉軌時期的法律和技術支持手段〉，《歐洲》，第 15 卷，第 6 期，頁 66。

梁崇民，2004.03，〈歐盟對於少數人權之保障──少數民族、少數語言個案分析〉，《歐美研究季刊》，第 34 卷，第 1 期，頁 51-93。

郭秋慶，1996，〈歐洲議會在歐洲聯盟中的超國家發展〉，《美歐月刊》，第 11 卷，第 7 期，頁 29-41。

陳信宏，1995，〈歐洲聯盟合作研究發展計畫〉，《美歐月刊》，第 10 卷，第 9 期，頁 15-27。

陳　勁，1997.06，〈美國與歐盟安全關係的變動趨勢〉，《美歐月刊》，第 10 卷，第 6 期，頁 44-58。

_____，1997，〈由預算政策與制度分析歐盟的穩定及發展〉，《問題與研究》，第 36 卷，第 11 期，頁 55-68。

_____，1998，〈歐洲聯盟東向擴張的程序挑戰與前景〉，《問題與研究》，第 37 卷，第 10 期，頁 37-52。

_____，2002，〈人權理念在歐盟對外關係中的角色〉，《全球政治評論》，創刊號第一期，頁 33-58。

_____，2004，〈歐盟與拉丁美洲經貿及區域合作關係〉，《問題與研究》，第 43 卷，第 4 期，頁 115-142。

陳彥煌，2002.06，〈歐洲聯盟擴張之展望：新經濟地理觀〉，《歐美研究季刊》，第 32 卷，第 2 期，頁 317-340。

陳麗娟，1994，〈評析馬斯垂克條約關於歐洲共同體立法程序之新規定〉，《法學論叢》，第 39 卷，第 2 期，頁 96-108。

_____，1996，〈從馬斯垂克條約內涵論歐洲共同體與歐洲聯盟間之互動〉，《美歐月刊》，第 11 卷，第 10 期，頁 20-31。

_____，1996，〈歐洲共同體新公平貿易法之研究〉，《美歐月刊》，第 11 卷，第 7 期，頁 42-55。

_____，1996，〈歐洲共同體新反傾銷法之研究〉，《美歐月刊》，第 11 卷，第 2 期，頁 73-91。

_____，1996，〈歐洲共同體競爭法域外效力之研究〉，《美歐月刊》，第 11 卷，第 4 期，頁 68-79。

湯紹成，1992，〈一九九三年歐洲新貌──歐洲共同體單一市場的回顧與前瞻〉，《政治評論》，第 595 期，頁 76-80。

_____，1993.03，〈1993 年單一市場成立後歐洲共同體與美國的關係〉，《美歐月刊》，第 8 卷，第 3 期，頁 44-51。

_____，1993.07，〈柯林頓對歐洲共同體的政策〉，《美國月刊》，第 8 卷，第 7 期，頁 72-83。

_____，1994.4，〈歐洲共同體的決策程序〉，《東亞季刊》，第 25 卷，第 4 期，頁 71-80。

焦興鎧，2001.12，〈歐洲聯盟兩性工作平等法制之研究〉，《歐美研究季刊》，第 31 卷，第 4 期，頁 753-818。

黃偉峰，2000，〈「知識社群」研究取向如何應用在歐洲與東亞經濟暨貨幣整合？方法論的困境及其解決之道〉，《問題與研究》，第 39 卷，第 5 期，頁 47-69。

_____，2000，〈1999 年歐洲議會選舉之經驗觀察與理論意涵〉，《台灣政治學刊》，第 4 卷，頁 149-207。

_____，2000，〈歐盟共同區域政策的發展與其對區域性動員之影響〉，洪德欽（編），《歐洲聯盟經貿政策》，頁 9-47。台北：中央研究院歐美研究所。

_____，2001，〈歐盟整合模式與兩岸主權爭議之解析〉，《歐美研究》，第 31 卷，第 1 期，頁 129-173。

_____，2003，〈剖析歐洲聯盟正在成型的治理體系〉，《歐美研究季刊》，第 33 卷，第 2 期，頁 291-344。

_____，2004，〈歐盟執委會駐外代表團之分析〉，《問題與研究》，第 43 卷，第 2 期，頁 141-170。

新筑譯，強生與楊格著，1993.09，〈法德安全與歐洲整合的關係〉，《國防譯粹月刊》，台北：國防部印製中心，第 20 卷，第 9 期，頁 12-21。

楊三億，2005.07，〈歐盟東擴及其對波蘭衝擊：政治經濟面向之分析〉，《全球政治評論》，第十一期，頁 79-110。

鄒忠科，1997，〈奧地利加入歐洲聯盟之中立問題〉，《俄情雜誌》，第 4 卷，第 4 期，頁 13-29。

廖福特，2000.03，〈表現自由權與健康及道德之保護──歐洲人權公約案例研究〉，《歐美研究季刊》，第 30 卷，第 1 期，頁 159-216。

_____，2001.12，〈人權宣言？人權法典？──「歐洲聯盟基本權利憲章」之分析〉，《歐美研究季刊》，第 31 卷，第 4 期，頁 689-751。

劉書彬，2003，〈歐洲聯盟「巴爾幹政策」之研析〉，《問題與研究》，第 42 卷，第 1 期，頁 47-74。

劉復國，1995，〈英國與歐洲共同體：國家利益與區域整合的矛盾〉，《歐美研究》，第 25 卷，第 3 期，頁 95-121。

_____，1996，〈歐洲貨幣整合對英國的衝擊〉，《美歐季刊》，第 11 卷，第 1 期，頁 86-103。

盧倩儀，1999，〈從歐盟移民政策看區域經濟整合的政治意涵〉，《美歐季刊》，第 13 卷，第 1 期，頁 1-29。

_____，1999.03，〈從歐盟移民政策決策過程談自由派政府間主義〉，《問題與研究》，第 38 卷，第 3 期，頁 19-32。

_____，2003，〈區域整合理論〉，黃偉峰主編，《歐洲聯盟的組織與運作》，台北：五南出版社，頁 67-93。

_____，2003，〈從歐盟與會員國公民概念之比較評估歐洲公民之實質化〉，《問題與研究》，第 42 卷，第 5 期，頁 55-79。

_____，2004.12，〈跨國移工權利分析──歐盟經驗〉，《社會政策與社會工作學刊》，第 8 卷，第 2 期，頁 125-158。

_____，2005，〈歐洲制憲會議對歐盟民主化之影響〉，《問題與研究》，第 44 卷，第 1 期，頁 1-20。

_____，2006，〈歐洲聯盟制憲過程與意義〉，洪茂雄主編，《二十一世紀國際政治形勢解析—新世紀、新形式、新挑戰》，台北：水牛出版社社會科學叢書，頁 15-42。

_____，2006.05，〈全球化與歐盟『非歐盟公民』概念之探討〉，《政治科學論叢》，第 28 期，頁 1-38。

_____，2007，〈從歐盟制憲經驗看歐盟之民主赤字問題〉，洪德欽主編，《歐盟憲法》，台北：中央研究院歐美研究所，頁 81-119。

_____，2007.12，〈發展中的「人類安全」概念及其在歐盟非法移民問題上之適用〉，《問題與研究》，第 46 卷，第 4 期，頁 27-52。

_____，2008，〈發展中的「人類安全」概念及其在歐盟非法移民問題上之適用〉，嚴震生主編，《轉型中的國家安全戰略》，台北：政治大學國際關係研究中心，頁 109-150。

謝勝義，1997.04，〈歐洲安全與俄羅斯的角色〉，《俄情雜誌》，第 6 卷，第 2 期，頁 1-5。

鍾志明，2006.04，〈從歐洲聯盟出口管制體系談對中國之武器禁運〉，《全球政治評論》，第 14 期，頁 35-62。

藍玉春，2000.12，〈解析歐盟阿姆斯特丹條約〉，《政治科學論叢》，第 15 期，頁 15-44。

_____，2004，〈歐盟尼斯條約評析〉，《問題與研究》，第 43 卷，第 4 期，頁 73-94。

_____，2005.06，〈歐盟多層次治理：論點與現象〉，《政治科學論叢》，第 24 期，頁 49-75。

蘇宏達，2000，〈歐體法院對反傾銷案判決的最新趨勢——以一九九七到一九九九年的判例為分析對象〉，《進口救濟論叢》，第 17 期，頁 31-50。

_____，2001，〈以「憲政主權」概念解釋歐洲統合之發展〉，《歐美研究》，第 31 卷，第 4 期，頁 629-687。

_____，2001，〈歐盟經驗與兩岸統合：建立 WTO 架構下的雙邊商務糾紛解決機制〉，《問題與研究》，第 40 卷，第 2 期，頁 1-32。

_____，2001，〈歐盟經驗與兩岸統合〉，《問題與研究》，第 40 卷，第 2 期，頁 1-31。

參考書目 ◎

_____，2002，〈以「歷史機制論」解析歐盟憲法倡議與憲政秩序建立間的競合〉，《理論與政策》，第 16 卷，第 2 期，頁 1-25。

_____，2003，〈論網路資源在台灣歐盟研究中的角色〉，《問題與研究》，第 42 卷，第 5 期，頁 81-113。

_____，2004，〈從制度主義解析歐洲聯盟憲法條約草案〉，《政治科學論叢》，第 20 期，頁 167-208。

_____，2005.09，〈論歐洲聯盟東擴與加強合作程序憲法化間的關聯性〉，《歐美研究季刊》，第 35 卷，第 3 期，頁 501-545。

_____，2007，〈歐盟理事會的機制與運作〉，黃偉峰 (編)，《歐洲聯盟的組織與運作》，增訂二版，頁 159-213。台北：五南。

_____，2007，〈論歐洲憲法的優位性〉，洪德欽 (編)，《歐盟憲法》，頁 121-183。台北：中央研究院歐美研究所。

_____，2007.06，〈論歐洲憲法的優位性〉，《歐美研究季刊》，第 37 卷，第 2 期，頁 323-389。

蘇秀法，1994，〈歐洲聯盟起步維艱〉，《問題與研究》，第 33 卷，第 5 期，頁 29-34。

三、報紙

「歐盟東擴，接納 10 新成員國」，2002.12.15，聯合報，版 12。
「25 國領袖聚首，新歐盟誕生」，2004.05.02，聯合報，版 A1。

貳、西文部分

（１）Books

Achrya, Amitav, 2001, *Constructing a Security Community in Southeast Asia.* N.Y.: Routledge.

Apel, Emmanuel, 1998, *European Monetary Integration 1958-2002.* Great Britain： Creative Printed and Design.

Arthur, Brian, 1994, *Increasing Returns and Path Dependence in the Economy.* MI, Ann Arber: University of Michigan Press.

269

Balassa, Bela, 1961, *The Theory of Economic.* Homeword: Richard O. Zrwin.

Barbezat, Daniel, and Larry Neal, 1998, *The Economics of the European Union and the Economics of Europe.* Oxford：Oxford University Press.

Bulmer S., and Wessels W., 1987, *The European Council: Decision-Making in European Politics.* London: Macmillan.

Brunner, Karl, and Allan H. Meltzer, 1997, *Money and the Economy: Issues in Monetary Analysis.* London: University of Cambridge.

Checkel, Jeffrey, 1997, *Ideas and International Political Change: Soviet/Russian Behavior and the End of the Cold War.* Binghamton, NY: Yale University Press.

Cini, Michelle, 1997, *The European Commission: Leadership, Organization and Culture in the EU Administration.* N.Y.: Manchester University Press.

Cohen, Benjamin J., 1998, *The Geography of Money.* Cornell: Cornell University Press.

Cohen, R., and E. Service, eds., 1978, *Origins of the State.* Philadelphia: Institute for the Study of Human Issue.

Coleman, James, 1990, *Foundation of Social Theory.* London: Belknap Press.

Collier, R., & D. Collier, 2002, *Shaping the Political Arena: Critical Junctures, the LaborMovement, and Regime Dynamics in Latin America.* Notre Dame: University of　Notre Dame.

Crocker, Chester A., and Fen Osler Hampson eds., 1996, *Managing Global Chaos : Sources of and Responses to International Conflict.* Washington. DC: United States Institute of Peace Press.

Corbett, R., 1998, *The European Parliament's Role in Closer EU Integration.* London: Palgrave.

Dinan, Desmond, 1999, *Ever Closer Union: An Introduction to European Integration.* Hampshire: Macmillan.

Deutsch, Karl, ed., 1968, *Political Community and the North Atlantic Area : International Organization in the Light of Historical Experience.* Princeton: Princeton University Press.

Eichengreen, Barry, and Jeffry Frieden, 1994 *The Political Economy of European Monetary Unification.* USA: Westview Press.

Evans, P.B, D. Rueschemeyer and T. Skocpol eds., 1985, *Bringing the State Back In.* New York: Cambridge University Press.

Fawcett, Louise, and Andrew Hurrell, eds., 1995, *Regionalism in World Politics.* N.Y.: Oxford University Press.

Fukuyama, Francis, 1995, Trust: *The Social Virtues and the Creation of Prosperity.* NY: The Free Press.

Falk, Richard A., and Saul H. Mendlovitz, eds., 1973, *Regional Politics and World Order.* San Francisco: W.H. Freem and Company Press.

Gibbons, Robert, 1992, *Game Theory for Applied Economics.* New Jersey: Princeton University Press.

Giavazzi, Francesco, and Alberto Giovannini, 1989, *Limiting Exchange Tate Flexibility: The European Monetary System.* Cambrodge: MIT press.

Grant, Wyn, 1993, *The Politics of Economic Policy.* Great Britain: Biddles Ltd.

Gros, Daniel, and Niels Thygesen, 1992, *European Monetary Integration: From European Monetary System to European Monetary Union.* England: Longman Group UK Limited.

Grauwe, Paul De, 1994, *The Economics of Monetary Integration.* Oxford: Oxford University Press.

Haas, Ernst B., 1990, *When Knowledge is Power: Three Models of Change in International Organizations.* C.A.: University of California Press.

_____, 1964, *Beyond the Nation-State: Functionalism and International Organization.* Stanford, California: Stanford University Press.

Hacker, Jacob, 2002, *The Divided Welfare State: The Battle over Public and Private Social Benefits in the United States.* Cambridge: Cambridge University Press.

Hartley, T. C., 1988, *The Foundation of European Community Law.* New York: Oxford University Press.

Heater, Derek, 1992, *The Idea of European Unity.* Leicester, England: Leicester University Press.

Hettne, Björn, and Andras Innotai, eds., 1999, *Globalism and the New Regionalism.* N.Y.: Macmillan.

Hill ,C., 1996, *The Actor in European Political Cooperation.* London: Routledge.

Hitris, Tagir, 1988, *European Community Economics: A Modern Introduction.* Hemel Hempstead: Havest Wheatsheaf.

Hooghe, Liesbet and Gary Marks., 2001, *Multi-Level Governance and European Union.* Boston: Rowman and Littlefield.

Jaillet, Pierre, and Thierry Vissol, in Christopher Johnson, eds., 1991, *ECU: The Currency of Europe.* London: Euromoney Publications PLC.

Joseph, Kirchner Emil, 1992, *Decision Making in European Community-the Council Presidency and European Integration.* U.K.: Manchester University Press.

Karolewski, Ireneusz Pawel, and Viktoria Kaina, eds., 2006, *European Identity: Theoretical Perspectives and Empirical Insights.* Berlin: Lit Verlag.

Katzenstein, Peter, ed., 1996, *The Culture of National Security: Norms and Identity in World Politics.* NY: Columbia University Press.

Katzenstein, Peter J., and Takashi, eds., 1997, *Network Power: Japan and Asia.* Ithaca: Cornell University Press.

Katz, Richard S., and Bernhard Wessels, 1999, *The European Parliament, the National Parliaments, and European Integration.* N.Y.: Oxford University Press.

Kenen, Peter B., ed., 1995, *Understanding Interdependence: The Macroeconomics of the Open Economy.* NJ: Princeton University Press.

Lnhmann, N., 1979, *Trust and Power.* NY: John Wiley.

Lindberg, Leon, 1963, *The Political Dynamics of the European Economic Integration.* Stanford, California: Stanford University Press.

Lichbach, Mark I., and Alan S. Zuckerman, eds., 1997, *Comparative Politics: Rationality, Culture, and Structure.* Cambridge: Cambridge University Press.

Mayhew, Alan, 1998, *Recreating Europe—The European Union's Policy towards Central and Eastern Europe.* Cambridge, England: Cambridge University Press.

Marks, N., 1996, *Governance in the European Union.* London: Sage.

Mitrany, David, 1966, *A Working Peace*. Chicago: Quadrangle Books.

Mattli, Walter, 1999, *The Logic of Regional Integration —Europe and Beyond*. NY: Cambridge University Press.

McDonald, Terrence J. 1996, *The Historic Turn in the Human Sciences*. MI: University of Michigan Press.

Mundell, R. A., and A. K. Swoboda, eds., 1969, *Monetary Problems of the International Economy*. Chicago: University of Chicago Press.

Musgrave, Richard A., 1959, *The Theory of PublicFinance: A Study of Public Economy*. New York: McGraw-Hill.

Nugent, Neil, 1995, *The Government and Politics of the European Union*. London: the Macmillan Press.

North, Douglass C., 1990, *Institutions, Institutional Change, and Economic Performance*. Cambridge : Cambridge University Press.

Oates, Wallace, 1972, *Fiscal Federalism*. New York: Harcourt Brace Jovanovich.

Parekh, Bhikhu, 2008, *A New Politics of Identity—Political Principles for an Interdependent World*. London: Palgrave Macillan.

Philip, Thody, 1997, *An Historical Introduction to The European Union*. Great Britian : Clays Ltd.

Raunio, Tapio, 1997, *The European Perspective – Transnational Party Groups in the 1984-1994 European Parliament*. N.Y.: Ashgate Publishing Company.

Richardson, Jeremy, 2001, *European Union: Power and Policy-Making*. London: Routledge.

Riker, William H., 1982, *Liberalism Against Populism: A Confrontation Between the Theory of Democracy and the Theory of Social Choice*. San Franciso: W.H.Freeman.

Risse, Thomas Stephen C. Ropp, and Kathryn Sikkink, 1999, *The Power of Human Rights : International Norms and Domestic Change*. U.K.: Cambridge: Cambridge University Press.

Rosamond, Ben, 2000, *Theories of European Integration*. N.Y.: St.Martin's Press.

Rokkan, Stein, 1999, *State Formation, Nation-buliding, and Mass Politics in Europe.* Oxford University Press.

Sandholtz, Wayne, 1998, *European Integration and Supranational Governance.* N.Y.: Oxford University Press.

Schoenberg, Richard, 1998, *Europe Beyond 2000 — The Enlargement of the European Union towards the East.* London, England: Whurr Publishers.

Schopf, Thomas J. M., 1972, *Models in Paleobiology.* CA, San Francisco: Freeman.

Scott, W. Richard, 2001, *Institutions and Organizations.* Thousand Oaks, CA: SAGE Publications.

Söderbaum, Fredrik, and Timothy M. Shaw, eds., 2003, *Theories of New Regionalism.* Houndmills: Palgrave Macmillan.

Stanley, Henig, 1997, *The Uniting of Europe From discord to concord.* Great Britian： Clays Ltd.

Steinmo, S., K. Thelen, and Longstreth, F. eds., 1992, *Structuring Politics.* NY: Cambridge University Press.

Schoenberg, Richard, 1998, *Europe Beyond 2000---The Enlargement of the European Union towards the East.* London: Whurr Publishers.

Telo, Mario, 2001, *European Union and New Regionalism—Regional actors and global governance in post-hegemonic era.* N.Y.: Ashgate Publishing Company.

Tsoukalis, Loukas, 1991, *The New European Economy: The Politics and Economies of Integration.* Oxford: Oxford University Press.

Viner, Jacob, 1950, *The Customs Union Issue.* N.Y.: Carnegie Endowment for International Peace.

Waltz, Kenneth N., 1979, *Theory of International Politics.* N.Y.: Random House Press.

Wendt, Alexander, 1999, *Social Theory of International Politics.* UK: Cambridge University Press.

Wessels, Wolfgang, 1987, *The European Council : A Denaturing of the Community or Indispensable Decision-Making Body?* London： Manchester University Press.

Wilson, Kevin, and Jan van der Dussen, 1995, *The History of the Idea of Europe.* London, England: The Open University.

Wistrich, Ernest, 1989, *After 1992 : The United States of Europe.* London: Routledge.

(II) Periodicals

Alderson, Kai, 2001, "Making sense of state socialization," Review of International Studies , Vol.27, pp.415-433

Axelrod, Robert, 1986, "An Evolution Approach to Norms," American Political Science Review, No. 80, pp.1095-1111.

Banchoff, Thomas, 2005, "Path Dependence and Value-Driven Issues—The Comparative Politics of Stem Cell Research." World Politics, Vol. 57. pp. 200-230.

Barnett, Michael, 1999, "Culture, Strategy and Foreign Policy Change: Israel's Road to Oslo," European Journal of International Relations, Vol. 5, No. 1, pp. 5-36.

Blondel, Jean, Richard Sinnott and Palle Svensson, 1997, "Representational and voter participation," European Journal of Political Research, No.32, pp.243-272

Bozeman, Adda B., 1975, "Civilizations Under Stress," Virginia Quarterly Review, Vol. 51, pp.1-18.

_____, 1988, "Social Capital in the Creation of Human Capital," American Sociological Review, Vol. 94, pp. 95-120.

Cook, Karen S., and Richard M. Emerson, 1978, "Power, Equity and Commitment in Exchange Networks," American Sociological Review, Vol. 43, pp. 721-739.

Capotorti, Clifford J., and Craig Volden, 2001, "Explaining Institutional Change in the European Union," European Union Politics, Vol.2, No.1, pp.5-30.

Ebbinghaus, Bernhard, 2005, "Can Path Dependence Explain Institutional Chang." MPIfG Discussion Paper 05/02, pp. 1-31.

Feldstein, Martin, 1997, "The Political Economy Of European Economic And Monetary Union: Political Sources of Economic Liability," National Bureau Of Economic Research, pp.2-33.

Fleming, J. M., 1971, "On Exchange Rate Unification," Economic Journal, Vol.81, pp.467-488.

Hall, Peter A. and Rosemary C. R. Taylor, 1996, "Political Science and the Three New Institutionalisms." Political Studies, Vol. 44, pp. 936-957.

Hardin, Russell, 1993, "The Street Level Epistemology of Trust," Politics and Society, Vol. 21, No. 4, pp. 505-529.

Hass, Peter, 1992, "Introduction: Epistemic Communities and International Policy Coordination," International Organization, Vol. 46, No.1, pp.1-35.

Hathaway, Oona A., 2001, "Path Dependence In the Law: The Course and Pattern of Legal Change in a Common Law System," The Iowa Law Review, Vol. 86, No. 2. pp. 98-165.

Hix, S., 1994, "The Study of the European Community: The Challenge to Comparative Politics," West European Politics, Vol.17, No.1, pp.1-30.

Ikenberry, John G., and Charles A. Kupchan, 1990, "Socialization and Hegemonic Power." International Organization, Vol. 44, No. 3, pp. 283-315.

Jeffrey T. Checkel, 1999, "Social Construction and Integration," Journal of European Public Policy, Vol.6, No.4, pp.545-560.

Kaelberer, Matthias, 2004, "The Euro and European identity: symbols, power and the politics of European monetary union," Review of International Studies. Vol. 30, pp. 161-178.

Katz, Richard S., 1997, "Representational roles," European Journal of Political Research , No. 32, pp.211-226

Kenneth A. Armstrong, 1998, "Legal Integration: Theorizing the Legal Dimension of European Integration," Journal of Common Market Studies, Vol.36, No.2, pp.155-174.

Kent, Ann, 2002, "China's International Socialization: The Role of International Organization," Global Governance , Vol.8, pp.343-364.

Kelley, Judith, 2004, "International Actors on the Domestic Scene : Membership Conditionality and Socialization by International Institutions," International Organization , Vol.58, No.3, pp.425-457.

Krasner, S. D., 1984, "Approaches to the State: Alternative Conceptions and Historical Dynamics," Comparative Politics, Vol. 16, No. 2, pp. 223-246.

Levy, Jack S., 1994, "Learning and foreign policy," International Organization, Vol. 48, No. 2, pp. 279-312.

Mahoney, James, 2000, "Path Dependence in Historical Sociology," Theory and Society, Vol. 29, pp. 507-548.

_____, 2001, "Path-Dependent Explanations of Regime Change: Central America in Comparative Perspective," Studies in Comparative International Development, Vol. 36, No.1, pp. 111-141.

March, J.G. and J. P Olsen, 1984, "The New Institutionalism: Organizational Factors in Political Life," The American Political Science Review, Vol. 78, No. 3, pp. 734-749.

McKinnon, Ranold, 1963, "Optimum Currency Area," American Economic Review, Vol.53, Issue.4, pp.717-725.

Moravcsik, Andrew, 1991, "Negotiating the Single European Act : National Interests and Conventional Statecraft in the European Community," International Organization , Vol.45, No.2, pp.19-56

M. Pollack, 2001, "International Relations Theory and European Integration," Journal of Common Market Studies, Vol.39, No.2, pp.221-244.

Narine, Shuan, 1998, "ASEAN and the Management of Regional Security," Pacific Affairs, Vol.71, No.2, pp.195-214

Nikolaj, Petersen, 1996, "Denmark and the European Union 1985-96: A Two-level Analysis," Cooperation And Conflict, Vol.31, No.2, pp.185-210.

Nye, Joseph S., 1987, "Nuclear Learning and US-Soviet Security Regime," International Organization, Vol. 41, No. 2, pp. 371-402.

Pierson, P., 1996, "The Path to European Integration," Comparative Political Studies, Vol. 29, No. 2, pp. 123-163.

_____, 2000, "Increasing Returns, Path Dependence, and the Study of Politics," American Political Science Review, Vol. 94, No. 2, pp. 251-267.

Peou, Sorpong, 2002-03, "Withering Realism? A Review of Recent Security Studies on the Asia-Pacific Region," Pacific Affairs, Vol.75, No.4, pp.575-584.

Raento, Pauliina, Anna Hamalainen, Hanna Ikonen and Nella Mikkonen, 2004, "Striking stories: a political geography of Euro coinage," Political Geography, Vol. 23, pp. 926-956.

Schimmelfennig, Frank, 2000, "International Socialization in the New Europe: Rational Action in an Institutional Environment," European Journal of International Relations, Vol. 6, No. 1, pp. 109-139.

Shen, Cen-Chu, 2000.12, "EU-ROC Relations: Problems and Perspectives," Asien Afrika Lateinamerika, Vol. 28, No. 6, pp. 589-608.

Smith, Anthony, 1992, "National Identity and Idea of European Unity," International Affairs, Vol. 68, No. 1, pp. 55-77.

Su, H., 2005, "The dynamics of widening on the deepening of the European Union: The constitutionalization of enhanced cooperation," EurAmerica, Vol. 35, No. 3, pp. 501-545.

Thelen, Kathleen, 1999, "Historical Institutionalism in Comparative Politics," Annual Review of Political Science, Vol. 2, pp. 369-404.

Tower, E., and T. Willet, 1976, "The Theory of Optimum Currency Areas and Exchange Rate Flexibility," International Finance Section, No.11, pp.663-685.

Tsebelis, G., and G. Garrett, 2001, "Agenda-setting, Vetoes and the European Union's Codecision Procedure," International Organization, Vol.55, No.2, pp.357-390

Unwin, T., and V. Hewitt, 2001, "Banknote and national identity in central and eastern Europe," Political Geography, Vol. 20, pp. 1005-1028.

Wendt, Alexander, 1994, "Collective Identity Formation and The International State," American Political Science Review, Vol. 88, No. 2, pp. 384-396.

Wolf, Dieter, and Bernhard Zangl, 1996, "The European Economic and Monetary Union : Two –level Games' and the Formation of International Institutions," European Journal of International Relations , Vol.2, No.3, pp.355-393

（Ⅲ）Internet

European Central Bank, 2003, "Euro banknote and coins," www.euro.ecb.int.

Pasic, Amir, 1998, "Culture, Identity and Security : An Overview," http://www.rbf.org.

http://ue.eu.int/Amsterdam/en/amsteroc/cn/treaty/Partone/amst05.html

網路資料：http://www.europarl.int/pes/

網路資料：http://www.europarl.int/ppe/

歐盟民意調查網站 http://europa.eu.int/en/comm/dg10/infcom/epo/eo/eo13/13.txt-en.html

Treaty Establishing a Constitution for Europe, 2004/C301/3-186 http://eur-lex.europa.eu/JOHtml.do?uri=OJ:C:2004:310:SOM:EN:HTML.

Treaty Establishing a Constitution for Europe, 2004/C301/11-40 http://eur-lex.europa.eu/JOHtml.do?uri=OJ:C:2004:310:SOM:EN:HTML.

European Commssion, "The European Constitution: Post-referendum survey in France," http://ec.europa.eu/public_opinion/flash/fl171_en.pdf

European Commssion, "The European Constitution: Post-referendum survey in Netherlands," http://ec.europa.eu/public_opinion/flash/fl172_en.pdf

國家圖書館出版品預行編目

歐洲政經整合的三重奏 / 王啟明著. -- 一版.
-- 臺北市：秀威資訊科技, 2010.03
面；　公分. -- (社會科學類；AF0132)
BOD 版
參考書目：面
ISBN 978-986-221-409-1(平裝)

1. 歐洲聯盟　2. 歐洲統合　3. 政治經濟分析

578.1642　　　　　　　　　　　　99002306

社會科學類　AF0132

歐洲政經整合的三重奏

作　　者 / 王啟明
發 行 人 / 宋政坤
執行編輯 / 林泰宏
圖文排版 / 鄭維心
封面設計 / 陳佩蓉
數位轉譯 / 徐真玉　沈裕閔
圖書銷售 / 林怡君
法律顧問 / 毛國樑　律師
出版印製 / 秀威資訊科技股份有限公司
　　　　　台北市內湖區瑞光路 583 巷 25 號 1 樓
　　　　　電話：02-2657-9211　　　傳真：02-2657-9106
　　　　　E-mail：service@showwe.com.tw
經 銷 商 / 紅螞蟻圖書有限公司
　　　　　台北市內湖區舊宗路二段 121 巷 28、32 號 4 樓
　　　　　電話：02-2795-3656　　　傳真：02-2795-4100
　　　　　http://www.e-redant.com

2010 年 3 月 BOD 一版
定價：340 元

‧請尊重著作權‧
Copyright©2010 by Showwe Information Co.,Ltd.

讀　者　回　函　卡

感謝您購買本書,為提升服務品質,煩請填寫以下問卷,收到您的寶貴意見後,我們會仔細收藏記錄並回贈紀念品,謝謝!

1. 您購買的書名: _____

2. 您從何得知本書的消息?

　　□網路書店　□部落格　□資料庫搜尋　□書訊　□電子報　□書店

　　□平面媒體　□ 朋友推薦　□網站推薦 □其他_____

3. 您對本書的評價:(請填代號　1.非常滿意 2.滿意 3.尚可 4.再改進)

　　封面設計____　版面編排____　內容____　文/譯筆____　價格__

4. 讀完書後您覺得:

　　□很有收獲　□有收獲　□收獲不多　□沒收獲

5. 您會推薦本書給朋友嗎?

　　□會　□不會,為什麼?_____

6. 其他寶貴的意見: _____

_____

_____

_____

讀者基本資料

姓名:_____　年齡:_____　性別:□女 □男

聯絡電話:_____　E-mail:_____

地址:_____

學歷:□高中(含)以下　□高中　□專科學校　□大學

　　　□研究所(含)以上 □其他_____

職業:□製造業 □金融業 □資訊業 □軍警 □傳播業 □自由業

　　　□服務業 □公務員 □教職　□學生 □其他_____

秀威與 BOD

BOD（Books On Demand）是數位出版的大趨勢,秀威資訊率先運用 POD 數位印刷設備來生產書籍,並提供作者全程數位出版服務,致使書籍產銷零庫存,知識傳承不絕版,目前已開闢以下書系:

一、BOD 學術著作—專業論述的閱讀延伸
二、BOD 個人著作—分享生命的心路歷程
三、BOD 旅遊著作—個人深度旅遊文學創作
四、BOD 大陸學者—大陸專業學者學術出版
五、POD 獨家經銷—數位產製的代發行書籍

BOD 秀威網路書店：www.showwe.com.tw
政府出版品網路書店：www.govbooks.com.tw

　　永不絕版的故事・自己寫・永不休止的音符・自己唱